ग्राफोलॉजीमेडसिंपल प्रस्तुत करता है

# लुक



हस्ताक्षर और लिखावट को देखें

# एंड

संपूर्ण ग्राफ़ोथेरेपी सीखें। इसमें लिखावट और हस्ताक्षर विश्लेषण दोनों शामिल हैं। व्यक्तित्व सुधार के लिए सही और गलत बनावट सीखें।

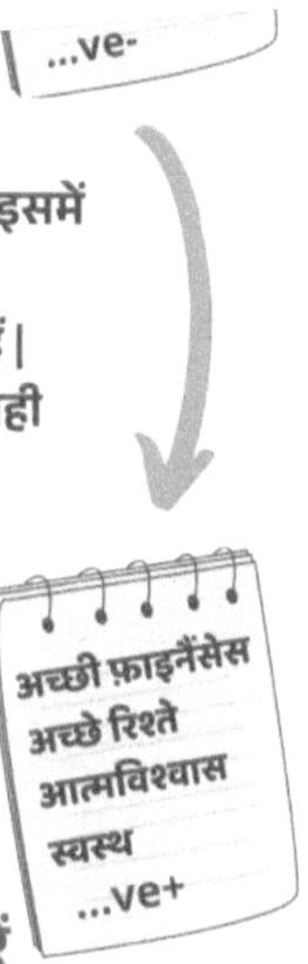


# इम्प्रूव

संपूर्ण व्यक्तित्व को समझें और सुधारें

## अखिलेश भागवत

द्वारा जुनूनपूर्वक लिखी गई

यह पुस्तक मेरे पिताजी, माँ और प्यारी छोटी बहन अनुजा को समर्पित है!

## इस किताब को लेने के लिए धन्यवाद!
## आपके लिए एक तोहफ़ा है,

फ्री (Free) हिंदी ग्राफोलॉजी हैंडराइटिंग एनालिसिस ऑनलाइन कोर्स
(कोर्स पूरा करने पर सर्टिफिकेट)

कोर्स जॉइन करने के लिए: यहाँ क्लिक करें
या इस QR कोड को स्कैन करें:

# विषय सूची

# परिचय

## मेरी कहानी

मैं बहुत शर्मीला इंसान था जिसकी वजह से नए लोगों से बातचीत नहीं कर पाता था। इसे सुधारने के लिए मैंने बॉडी लैंग्वेज की किताबें पढ़नी शुरू कीं और अपनी बॉडी लैंग्वेज बदली, फिर भी इससे कोई खास फायदा नहीं हुआ। मैं फिर से उदास हो गया और खुद को लेकर दुखी महसूस करने लगा। कॉलेज के दिनों में भी ऐसा ही था, मैं ढेर सारी चीज़ें, असाइनमेंट और जर्नल लिखता रहता था। एक दिन मुझे अचानक यह जानने की जिज्ञासा हुई कि मैं ऐसा क्यों लिखता हूँ। मेरे दोस्त की हैंडराइटिंग मुझसे से अलग क्यों है? क्या बॉडी लैंग्वेज की तरह इसके पीछे भी कोई वजह है? मैंने गूगल पर सर्च किया कि "हमारी हैंडराइटिंग अलग क्यों होती है" और कई ब्लॉग पढ़ने के बाद मुझे ग्राफोलॉजी पर एक ब्लॉग मिला।

मुझमें जिज्ञासा जागी और मैं ग्राफोलॉजी के बारे में और जानने के लिए एक के बाद एक ब्लॉग पढ़ता रहा। मैंने "लिखावट और हस्ताक्षर से मिलनसार लोगों की पहचान कैसे करें" विषय पर एक ब्लॉग पढ़ा। यह बड़े आकार की लिखावट के बारे में था। मैंने सोचा कि अगर मैं अपनी लिखावट और हस्ताक्षर का आकार बदल दूँ तो क्या होगा? अभ्यास के साथ, मैंने बड़े आकार में लिखना शुरू किया और मुझे ठीक से याद नहीं है, लेकिन एक या दो महीने बाद मैं अजनबियों से बात करने में सक्षम हो गया, जो पहले आसान नहीं था।.

अगला प्रश्न आत्मविश्वास का था, इसलिए मैंने एक अन्य ब्लॉग पढ़ा जो अक्षर t के बारे में था, ऊँचा और लंबा t बार जोड़ने से मुझे अपना आत्मविश्वास और अपनी आत्म-छवि बढ़ाने में मदद मिली, उसके बाद मैंने कई और बदलाव किए और मेरा जीवन बेहतर होने लगा।

अब मैं और सीखना चाहता था, लेकिन इंस्टाग्राम पर ग्राफोलॉजी पर कोई शैक्षिक पेज नहीं था, इसलिए मैंने एक पेज शुरू करने का फैसला किया। साथ ही, मैं इस ज्ञान को दूसरों को देना चाहता था जिससे मुझे बेहतर होने में मदद मिली। मैंने ग्राफोलॉजी के बारे में शुरुआत में सिर्फ़ तस्वीरें ही पोस्ट की थीं। फिर धीरे-धीरे वीडियो बनाए, ब्लॉग लिखे, कोर्स बनाए और तीन किताबें लिखीं, एक सिग्नेचर एनालिसिस पर, दूसरी हैंडराइटिंग एनालिसिस पर और तीसरी ग्राफोथेरेपी पर। ये तीनों किताबें अमेज़ॅन पर बेस्टसेलर रहीं और भारत में ग्राफोलॉजी सीखने वालों ने इन्हें सबसे ज़्यादा पसंद किया और खरीदा। बहुत लोगों की रिक्वेस्ट के बाद अब ये तीनों किताबें हिंदी में भी आ रही हैं। सिग्नेचर वाली किताब हिंदी में पहले से उपलब्ध है, और अब ग्राफोथेरेपी वाली किताब भी हिंदी में आ रही है।

ग्राफोलॉजी और ग्राफोथेरेपी ने मुझे एक शर्मीले व्यक्ति से एक सार्वजनिक वक्ता बनने में मदद की। यह आपकी भी मदद कर सकता है। हमें अक्सर कहा जाता है कि अपने व्यक्तित्व को बदलने के लिए अपने विचारों को बदलना होगा और यह इतना आसान नहीं है, फिर भी अपने व्यक्तित्व को बेहतर बनाने और अपने विचारों को बदलने का एक तरीका है, और वह है ग्राफोथेरेपी।

लिखावट विश्लेषण और हस्ताक्षर विश्लेषण, ग्राफोलॉजी की दो इकाइयाँ हैं। जबकि ग्राफोथेरेपी, ग्राफोलॉजी का उल्टा है। उदाहरण के लिए, ग्राफोलॉजी साइकोलॉजी है जबकि ग्राफोथेरेपी साइकोथेरेपी है।

लिखावट में परिवर्तन करने से आपको अपने वास्तविक या निजी व्यक्तित्व को बेहतर बनाने में मदद मिलती है, जबकि अपने हस्ताक्षर में परिवर्तन करने से आपको अपने सार्वजनिक व्यक्तित्व को बेहतर बनाने में मदद मिलती है।

मैंने अपनी लिखावट के साथ काफ़ी प्रयोग किए हैं और 25 से ज़्यादा देशों के कई क्लाइंट्स की लिखावट का विश्लेषण किया है। मैंने गलतियों से भी सीखा है कि कौन सी विशेषता की व्याख्या सही है।

इसके साथ मैंने इंटरनेट पर जितने भी ब्लॉग, किताबें और वीडियो मिले, उन सबका रिसर्च किया और उनके नोट्स भी बनाए।

इस पुस्तक में मेरे व्यक्तिगत अनुभव, विश्लेषण नोट्स और शोध नोट्स भी हैं।

मैंने तीनों किताबें इसलिए लिखीं क्योंकि पहले लिखावट

और हस्ताक्षर विश्लेषण पर अंग्रेज़ी में कोई पूरी किताब नहीं थी। अब ग्राफोलॉजी और ग्राफोथेरेपी पर हिंदी में भी कोई पूरी किताब नहीं है, इसलिए सिग्नेचर की हिंदी किताब के बाद मैं यह ग्राफोथेरेपी की हिंदी किताब लिख रहा हूँ, ताकि लोग इसे आसान तरीके से सीख सकें।

# लुक एंड इम्प्रूव

बहुत से लोग अपनी भावनाओं को शब्दों में बयां नहीं कर पाते, जिसकी वजह से वे उदास, शर्मीले और अकेलेपन से जूझते रहते हैं। मैं यह किताब आत्म-सुधार में रुचि रखने वाले लोगों को खुद को बेहतर बनाने के लिए, और साइकोलॉजिस्ट, कोचेस व काउंसलर्स को अपने ग्राहकों को समझने और बेहतर बनाने में मदद करने के लिए लिख रही हूँ। अगर ग्राफोलॉजी और ग्राफोथेरेपी मुझे बेहतर बनाने में मदद कर सकती है, तो यह दूसरों के लिए भी काफ़ी उपयोगी साबित हो सकती है।

इस किताब में छोटे अक्षरों, बड़े अक्षरों, अतिरिक्त कॉन्सेप्ट्स, हैंडराइटिंग पैटर्न्स और सिग्नेचर से जुड़े ग्राफोथेरेपी के तरीके शामिल हैं। आख़िर में डेमो भी दिए गए हैं।

इस पुस्तक का उद्देश्य लोगों को लिखावट और हस्ताक्षर में जल्दी बदलाव सुझाने में मदद करना है। यहाँ मैंने सकारात्मक लक्षणों और कुछ नकारात्मक लक्षणों के महत्वपूर्ण अर्थ एक-दो पंक्तियों में सरल तरीके से समझाए हैं।

तो अगर आप नकारात्मक और सकारात्मक दोनों लक्षणों के बारे में विस्तार से जानना चाहते हैं, तो मेरी लिखावट (लुक ऐंड ऐनालाइस) और हस्ताक्षर विश्लेषण (लुक एंड एनालाइज) पर पहले लिखी किताबें ज़रूर पढ़ें। दोनों अमेज़न पर उपलब्ध हैं।

सभी संरचनाओं के अर्थ दोनों पुस्तकों में दिए गए हैं।

इस पुस्तक में दिए गए अधिकांश उदाहरण अंग्रेज़ी लिखावट और हस्ताक्षर के हैं, लेकिन जहाँ जरूरी होगा वहाँ हिंदी उदाहरण भी दिए जाएंगे।

# अपना सैंपल तैयार रखें।

## अपना हैंडराइटिंग और सिग्नेचर का सैंपल तैयार रखें।

1. एक A4 आकार का कागज लें (रूल्ड या अनरूल्ड या दोनों)।

2. अब एक नीला बॉल पेन लें, काला भी चलेगा (जेल, पेंसिल, स्केच पेन या मार्कर नहीं)

3. अपना परिचय या कोई भी पैराग्राफ लिखें।

4. पूरे पेज को भरने का प्रयास करें।

5. अंत में अपना हस्ताक्षर भी जोड़ें!

बीच-बीच में अपनी हैंडराइटिंग और सिग्नेचर चेक करें, और पहले अपनी हैंडराइटिंग और सिग्नेचर को सुधारें।

## इस कदर,

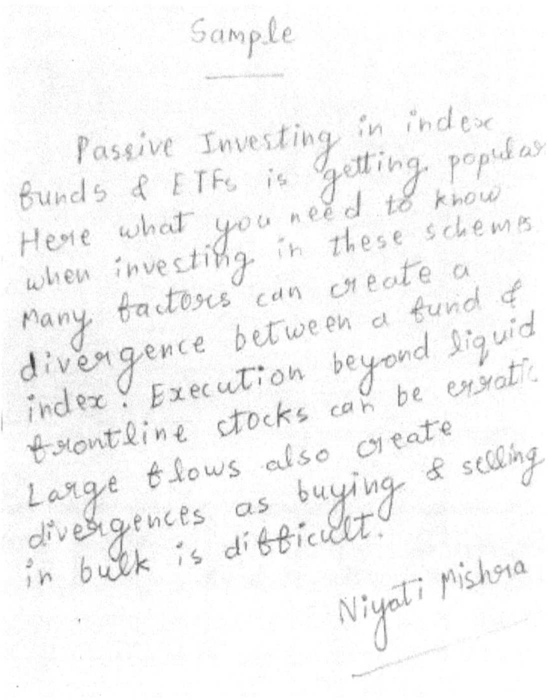

Sample

Passive Investing in index
funds & ETFs is getting popular
Here what you need to know
when investing in these schemes
many factors can create a
divergence between a fund &
index. Execution beyond liquid
frontline stocks can be erratic
Large flows also create
divergences as buying & selling
in bulk is difficult.

Niyati Mishra

# कुछ मूल बातें

# ग्राफोलॉजी क्या है? यह कैसे काम करती है?

हम रोज़ कितने विचार सोचते हैं, कितनी भावनाएँ महसूस करते हैं। लेकिन हर भावना, हर एहसास दूसरों को बता नहीं सकते।

↓

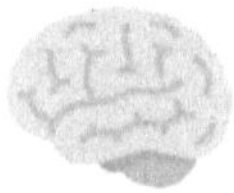


और यदि ऐसी भावनाओं को व्यक्त न किया जाए, तो वे डिप्रेशन और ओवरथिंकिंग का कारण बन सकती हैं। इसलिए इन भावनाओं को संतुलित करने और उनसे मुक्त होने के लिए एक माध्यम आवश्यक है।

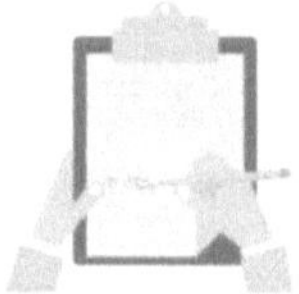


हमारा दिमाग हमारी लिखावट के द्वारा अपनी भावनाओं को व्यक्त करने का द्वार खोलता है। फिर हर एहसास और हर भावना मस्तिष्क से निकलकर आपकी लिखावट और हस्ताक्षर में उतर जाती है।

सरल शब्दों में, ग्राफोलॉजी लिखावट और हस्ताक्षर के माध्यम से किसी के संपूर्ण व्यक्तित्व को जानने का विज्ञान है।

कुछ व्यावहारिक उदाहरण जो साबित करते हैं कि ग्राफोलॉजी काम करती है:

परीक्षा की शुरुआत में आपका दिमाग साफ होता है इसलिए लिखावट स्पष्ट होती है जबकि अंतिम 10 मिनट के दौरान आपका दिमाग तेजी से चलता है इसलिए लिखावट गंदी या गड़बड़ होती है!

हमें हमेशा से जर्नलिंग करने या अपनी भावनाओं को लिखने के लिए कहा जाता रहा है। और जब भी हम अपनी भावनाओं को लिखते हैं, तो हम स्वतः ही शांत महसूस करते हैं। जानते हैं क्यों? क्योंकि आपका दिमाग आपकी सारी भावनाएँ आपकी लिखावट और सिग्नेचर में उतार देता है।

जर्नलिंग के दो तरीके हैं, एक है टेक्स्ट के जरिए और दूसरा है लिखकर। अब जब आप टेक्स्ट करते हैं, तो अक्षर वही रहते हैं, वे ऊपर, नीचे या यहाँ तक कि बदलते भी नहीं हैं। इसलिए, आप लेखक की सच्ची भावनाओं को नहीं जान सकते। अगर मैं खुश भी हूं तो मैं "दुखी" लिख सकता हूं और लोग मान लेंगे कि मैं दुखी हूं, जबकि मैं अभी दुखी नहीं हूं। जब आप कागज पर लिखते हैं तो आप ऐसा नहीं कर सकते, आप जो भी महसूस कर रहे हैं वह लिखावट में दिखाई देने वाला है। यदि आप उदास, अकेला, निराश या कोई नकारात्मक या सकारात्मक भावना महसूस कर रहे हैं तो यह आपके लेखन में

दिखाई देने वाला है। इसी वजह से, चाहे तकनीक कितनी भी आगे बढ़ जाए, लिखना हमेशा हमारे साथ रहेगा। यही कारण है कि लिखावट और हस्ताक्षर विश्लेषण न सिर्फ़ खुद को समझने के लिए, बल्कि उस व्यक्ति को समझने के लिए भी ज़रूरी है जिसकी आप मदद करना चाहते हैं। इससे हमें यह समझने में मदद मिलती है कि सामने वाला क्या महसूस कर रहा है और हम उसके प्रति ज़्यादा जागरूक हो जाते हैं।

ज़्यादातर कवियों और कलाकारों की लिखावट हमेशा दाईं ओर झुकी होती है। ग्राफ़ोलॉजी में इसे रचनात्मकता का संकेत माना जाता है।

इंट्रोवर्ट लोगों की लिखावट अक्सर छोटी होती है। एक्स्ट्रोवर्ट लोगों की लिखावट बड़ी होती है। और एम्बिवर्ट लोगों की लिखावट आमतौर पर बीच की होती है।

# ग्राफोथेरेपी क्या है? यह कैसे काम करती है?

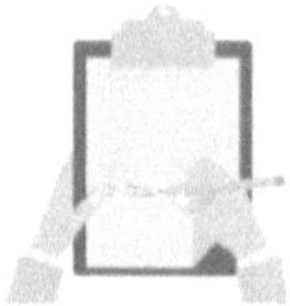

**आपकी लिखावट, हस्ताक्षर**

**अगर आप ग्राफोलॉजी के उलट काम करें तो क्या होगा? अपने हस्ताक्षर, लिखावट को किसी खास तरीके से बदल दें?**

**आपका दिमाग**

**इससे मस्तिष्क में नई कोशिकाएं, संकेत विकसित होंगे और नए विचार, भावनाएं आपके मस्तिष्क द्वारा स्वीकार की जाएंगी।**

**आप**

**आप अपने आप का बेहतर रूप बन जाएंगे। आपके विचार और भावनाएँ भी बेहतर हो जाएँगी।**

ग्राफोथेरेपी, ग्राफोलॉजी के विपरीत है। यहाँ हम विश्लेषण के बाद बदलाव सुझाते हैं। आप इसे रिवर्स ग्राफोलॉजी भी कह सकते हैं क्योंकि हम लेखक को उसके नकारात्मक गुणों को सकारात्मक गुणों से बदलने के लिए कहते हैं।

बदलाव का सुझाव देने के लिए हैंडराइटिंग एनालिसिस और सिग्नेचर एनालिसिस, दोनों का अच्छा ज्ञान होना ज़रूरी है। एक भी गलत बदलाव किसी के व्यक्तित्व को बदल सकता है।

इस किताब में मैंने वे आम बदलाव शामिल किए हैं जो हर कोई कर सकता है, ताकि एक बिल्कुल नया सीखने वाला भी अपनी लिखावट या सिग्नेचर में ज़रूरी बदलाव आसानी से कर सके और चिंता न करे। फिर भी सलाह यही है कि एक साथ बहुत ज़्यादा बदलाव नहीं करने चाहिए।

अब, लिखावट और हस्ताक्षर में बदलाव करने के अलावा, कुछ और तरीके भी हैं जिनसे आप अपनी लिखावट या हस्ताक्षर को अपने आप बदल सकते हैं। इस पुस्तक में हम उस तरीके के बारे में भी जानेंगे।

ग्राफोलॉजी आपको किसी के व्यक्तित्व को समझने में मदद करती है जबकि ग्राफोथेरेपी आपको किसी के व्यक्तित्व को निखारने में मदद करती है। इसलिए ग्राफोलॉजी पहला कदम है और ग्राफोथेरेपी दूसरा कदम है क्योंकि व्यक्तित्व को समझे बिना हम बदलाव का सुझाव नहीं दे सकते।

# ग्राफोथेरेपी ने मेरी कैसे मदद की!

# मेरा सफ़र

मैं अपनी कहानी पहले ही परिचय में बता चुका हूँ, इसलिए यहाँ इसे छोटा रखा है।

२०१५:

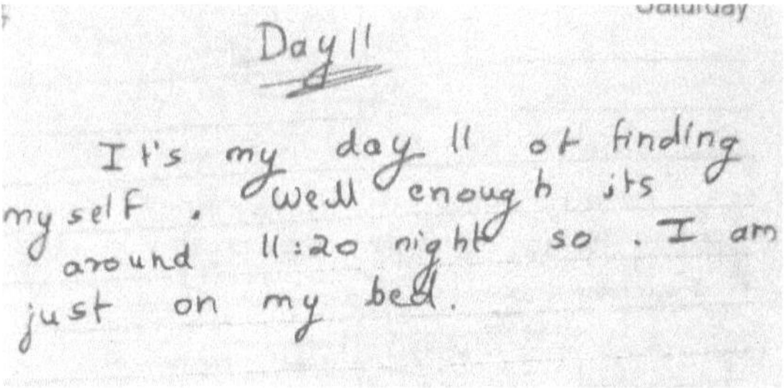
Day 11

It's my day 11 of finding myself. Well enough its around 11:20 night so. I am just on my bed.

छोटी लिखावट >> अंतर्मुखी (इंट्रोवर्ट) और शर्मीला

लो t बार >>> कम आत्मविश्वास

गोल m,n >>> धीमी सोच वाला

जैसा कि आप देख सकते हैं, मैं बहुत शर्मीला व्यक्ति था और मुझमें आत्मविश्वास की कमी थी।

२०१८:

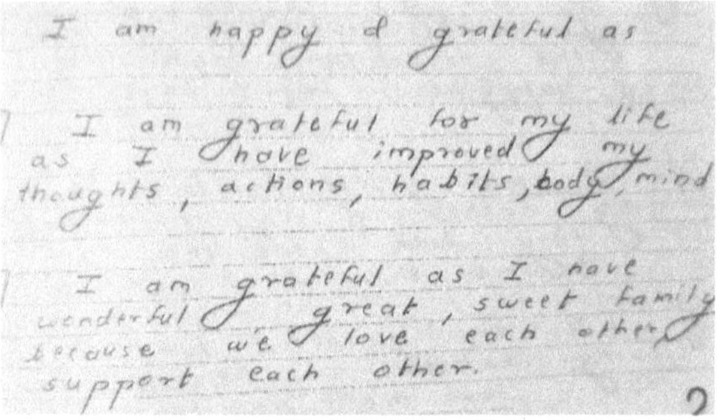


ज़्यादा दूरी (स्पेसिंग) >>> अकेलापन, उदासी

छोटी t बार >>> कम आत्मविश्वास

गोल m, n >>> धीमी सोच

यहाँ मैं अलग-अलग लिखावटों के साथ प्रयोग कर रहा था। उस दौरान कुछ बुरा हुआ जिसकी वजह से मैं बहुत भावुक और अकेला हो गया था। यहाँ मेरी शर्मीली आदत में थोड़ा सुधार हुआ।

२०१६:

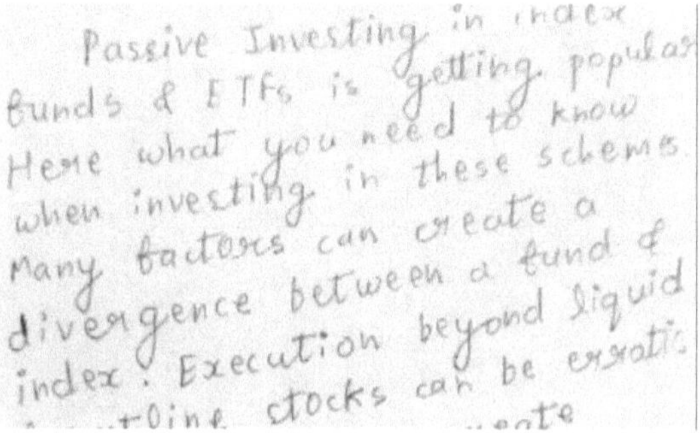

Passive Investing in index
funds & ETFs is getting popular
Here what you need to know
when investing in these schemes
Many factors can create a
divergence between a fund &
index. Execution beyond liquid
stocks can be erratic

बड़े आकार की लिखावट >>> बहिर्मुखी (एक्स्ट्रोवर्ट)

उच्च t बार >>> उच्च आत्मविश्वास

गोल m, n >>> धीमा विचारक

जैसा कि आप देख सकते हैं, मेरी पहले की लिखावट की तुलना में अब इसमें काफी बदलाव आ चुके हैं। इन बदलावों ने मुझे मेरा शर्मीलापन पूरी तरह से कम करने और ज़्यादा आत्मविश्वासी बनने में मदद की है। अब मैं मंच पर कई लोगों के सामने बोल पाता हूँ और मैंने तीन स्टार्टअप/बिज़नेस भी शुरू किए हैं। यह सब तीन साल पहले मुझे बिल्कुल असंभव लगता था।

२०२३:

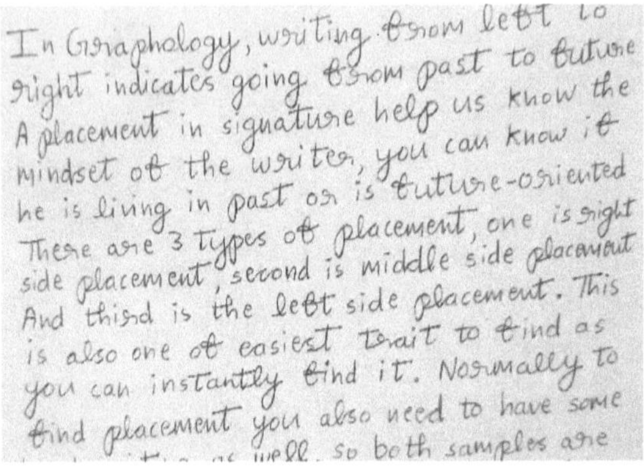
In Graphology, writing from left to
right indicates going from past to future
A placement in signature help us know the
mindset of the writer, you can know if
he is living in past or is future-oriented
There are 3 types of placement, one is right
side placement, second is middle side placement
And third is the left side placement. This
is also one of easiest trait to find as
you can instantly find it. Normally to
find placement you also need to have some
well. so both samples are

मध्यम आकार की लिखावट >>> एम्बिवर्ट

उच्च t बार >>> बहुत उच्च आत्मविश्वास

नुकीले अक्षर >>> तेजी से सोचने और जल्दी सीखने वाला

यहाँ भी आप मेरी पुरानी लिखावट के मुकाबले कई बदलाव देख सकते हैं। मैंने ये बदलाव इसलिए किए क्योंकि मैं खुद को बेहतर बनाना चाहता था और नई चीज़ें सीखना चाहता था। इन बदलावों से मेरा आत्मविश्वास बढ़ा और इसी आत्मविश्वास ने मुझे अब तक चार किताबें लिखने में मदद की। तीन किताबें अंग्रेज़ी में और एक हिंदी में। अब यह मेरी पाँचवीं किताब है।

इन बदलावों ने मुझे इतना मजबूत बनाया कि मैं अपना स्टार्टअप और व्यवसाय संभाल सका। रतन टाटा, मुकेश अंबानी और एलन मस्क जैसे कई बड़े उद्यमी भी तेज़ सोच रखने वाले होते हैं।

तो पहले ग्राफोलॉजी ने मुझे खुद को समझने में मदद की और फिर ग्राफोथेरेपी ने मुझे खुद को बेहतर बनाने में मदद की। अगर यह मुझे एक शर्मीले इंसान से एक सार्वजनिक वक्ता बनने में मदद कर सकती है, तो यह आपकी भी मदद कर सकती है।

हाँ, ग्राफोथेरेपी अकेली चीज़ नहीं थी जिसने मेरी मदद की, लेकिन इसने मुझे वह ताकत और व्यक्तित्व के गुण दिए, जिनकी वजह से मैं आगे बढ़ सका। इसलिए ग्राफोथेरेपी या ग्राफ़ोलॉजी मेरे लिए शुरुआत थी, एक मज़बूत आधार थी।

यदि आप मेरे बारे में अधिक जानना चाहते हैं तो बस मेरा नाम "अखिलेश भागवत" गूगल करें।

# क्या कोई परफेक्ट लिखावट, हस्ताक्षर होता है?

## परफेक्ट लिखावट, हस्ताक्षर

बहुत से लोग पूछते हैं कि क्या आप कोई परफेक्ट अक्षर या हस्ताक्षर बता सकते हैं? इस दुनिया में कुछ भी परफेक्ट नहीं होता, है ना? इसी तरह, कोई भी लिखावट या हस्ताक्षर परफेक्ट नहीं होती।

यहाँ तक कि ग्राफोलॉजिस्टों की भी लिखावट और हस्ताक्षर परफेक्ट नहीं होती।

हर सकारात्मक गुण के साथ थोड़ा-बहुत नकारात्मक पहलू भी जुड़ा होता है।

उदाहरण के लिए, ऊँची t-बार आपको अधिक आत्मविश्वास दे सकती है, लेकिन साथ ही यह अहंकार भी बढ़ा सकती है।

उच्च दबाव अधिक ऊर्जा दिखाता है, लेकिन इसके साथ आक्रामकता भी दिखा सकता है।

अब कुछ नकारात्मक गुणों से हर किसी को बचना चाहिए।

इसलिए जब भी आप लिखावट या हस्ताक्षर में कोई नया बदलाव करें, तो सकारात्मक और नकारात्मक दोनों पहलुओं पर ध्यान दें।

हमेशा याद रखें, कोई भी लिखावट या हस्ताक्षर कभी परफेक्ट नहीं हो सकती। सकारात्मकता पाने के लिए आपको नकारात्मक पहलुओं के साथ संतुलन बनाना जरूरी है।

# ग्राफोथेरेपी की विभिन्न विधियाँ

## ग्राफोथेरेपी के विभिन्न तरीके कौन से हैं?

इससे पहले ग्राफोथेरेपी का केवल एक ही तरीका था।

कई तरह के विश्लेषण और खुद पर प्रयोग करने के बाद, मैंने ग्राफोथेरेपी के कुछ और तरीके खोजे हैं, जो हर किसी को बेहतर बनने में मदद कर सकते हैं।

कई लोग ऐसे होते हैं जिनके पास रोज़ लिखने का समय नहीं होता, जबकि कुछ लोग रोज़ लिखते हैं।

तो ऐसे में हर व्यक्ति के लिए ग्राफोथेरेपी का तरीका अलग होना चाहिए, है ना?

कुछ नकारात्मक लिखावट की आदतें ऐसी होती हैं जिन्हें ग्राफोथेरेपी के एक ही तरीके से तुरंत हटाया नहीं जा सकता, क्योंकि उन्हें अपनाना और अभ्यास करना आसान नहीं होता।

यहाँ आपको ग्राफोथेरेपी के 4 विभिन्न प्रकारों के बारे में जानने को मिलेगा:

1. शुरुआती तरीका (सबसे आम)

2. सीधा तरीका

3. डायरी लिखने का तरीका (जर्नलिंग)

4. एक्शन थेरेपी तरीका

## शुरुआती विधि

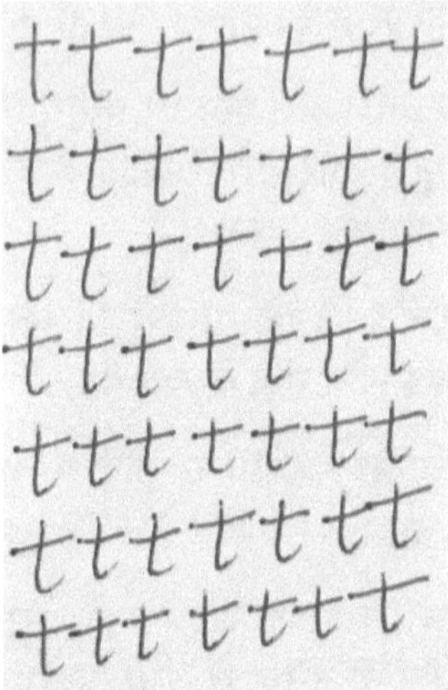

यहाँ आप देख सकते हैं कि 't' की ऊँची बार को बार-बार लिखा गया है।

यहाँ लेखक हर अक्षर का एक-एक करके अभ्यास करते हैं, ठीक वैसे ही जैसे वे बचपन में किया करते थे। जिस तरह किसी अक्षर का बार-बार अभ्यास किया जाता है, उसी तरह लोग अपने हस्ताक्षर का भी लगातार अभ्यास करते हैं, जब तक वह एक आदत न बन जाए।

यह ग्राफोथेरेपी मेथड हैंडराइटिंग और सिग्नेचर के लिए इस्तेमाल होने वाला सबसे आम तरीका है।

इसका मकसद नए अक्षर, हैंडराइटिंग या सिग्नेचर में हुए बदलावों को पक्का करना है। प्रतिदिन 10 मिनट इसका अभ्यास करना पर्याप्त है।

# सीधी विधि

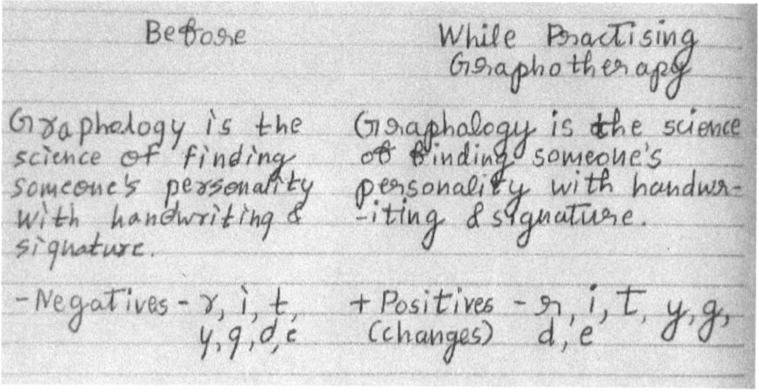


यदि आप ऐसे व्यक्ति हैं जो प्रतिदिन बहुत कुछ लिखते हैं, तो यह आपके लिए सबसे अच्छा तरीका है।

कुछ भी लिखते समय आपको सीधे तौर पर खुद को नए तरीके से लिखने के लिए मजबूर करना होगा।

उदाहरण के लिए - जब आप कोई वाक्य या शब्द लिख रहे हों जिसमें 't' अक्षर हो, तो आप उसे सीधे ऊँची बार से लिख सकते हैं। यही काम दूसरे अक्षरों और बदलावों के लिए भी किया जा सकता है।

मैं नियमित रूप से इस पद्धति में परिवर्तन का अभ्यास करता हूं और मैंने कभी भी शुरुआती पद्धति का अभ्यास नहीं किया है।

अब मैं रोजाना बहुत कुछ लिखता हूं, इसलिए यह मेरे लिए काम करता है।

यदि आपको लिखने की आदत है तो यह तरीका सबसे अच्छा है।

## जर्नलिंग

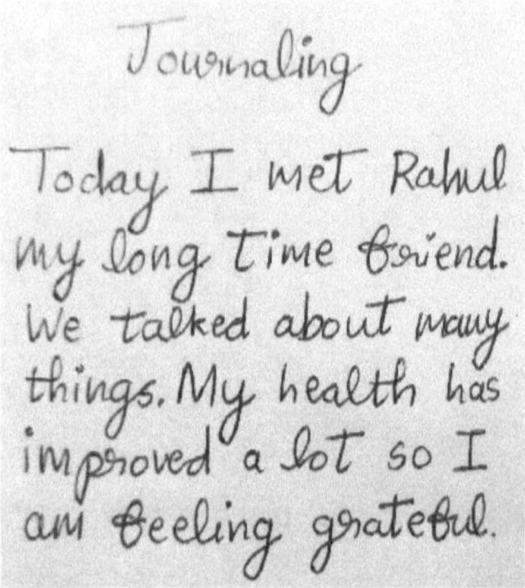


यदि आपके पास लिखने का समय नहीं है, या आप ज्यादा नहीं लिखते हैं, तो यह तरीका आपके लिए है।

सीधी विधि की तरह यहां भी आपको अलग से अभ्यास करने के बजाय सीधे नए लक्षणों का अभ्यास करने की आवश्यकता है।

जर्नलिंग का अर्थ है, हर रात सोने से पहले आपके साथ जो कुछ भी हुआ या आप जो भी महसूस कर रहे हैं, उसे एक किताब या डायरी में लिखना।

यह तरीका आपको जीवन के बारे में ज़्यादा स्पष्टता पाने में मदद करता है और आपको अपने बारे में तथा अपने सोचने के तरीकों को समझने में भी मदद करता है। कुछ नकारात्मक लिखावट के गुण सिर्फ इसी तरीके से सुधारे जा सकते हैं।

आप जर्नल लिखते हुए अक्षर अभ्यास (लेटर प्रैक्टिस) कर सकते हैं।

मैं आपको सलाह देता हूँ कि भले ही आप ग्राफोथेरेपी का अभ्यास न कर रहे हों, फिर भी जर्नलिंग शुरू करें, क्योंकि इससे आपको अपने अंदर के विचारों को बाहर निकालने में मदद मिलती है।

कुछ विचार और भावनाएँ ऐसी होती हैं जिन्हें हम दूसरों के साथ साझा नहीं कर पाते, क्योंकि वे बहुत निजी (पर्सनल) होती हैं।

तो इन्हें अपने अंदर रखने के बजाय आप लिखकर बाहर निकाल सकते हैं। कई बार नकारात्मक भावनाएँ बाहर आने पर लिखावट अपने आप बदलने लगती है।

# एक्शन थेरेपी

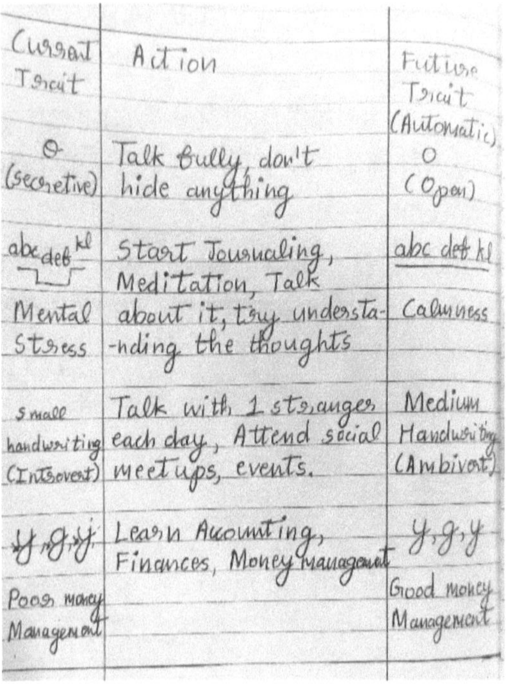

| Current Trait | Action | Future Trait (Automatic) |
|---|---|---|
| O (Secretive) | Talk fully, don't hide anything | O (Open) |
| abc def kl<br>Mental Stress | Start Journaling, Meditation, Talk about it, try understa-nding the thoughts | abc def kl<br>Calmness |
| small handwriting (Introvert) | Talk with 1 stranger each day, Attend social meetups, events. | Medium Handwriting (Ambivert) |
| y, g, y<br>Poor money Management | Learn Accounting, Finances, Money management | y, g, y<br>Good money Management |

कई लोग कहते हैं कि उनके पास कुछ भी लिखने का समय नहीं है या वे कोई ऐसा समाधान चाहते हैं जिसके माध्यम से वे लिखावट या हस्ताक्षर में बदलाव किए बिना स्वयं में नए परिवर्तन ला सकें।

उन लोगों के लिए यह तरीका है, हो सकता है कि यह सभी लक्षणों के लिए काम न करे, फिर भी कुछ लोगों के लिए यह काम कर सकता है।

यहाँ, कुछ भी लिखने के बजाय, आप एक्शन लेते हैं।

मान लीजिए, ग्राफोलॉजी, हैंडराइटिंग और हस्ताक्षर विश्लेषण से आपको पता चलता है कि आप इंट्रोवर्ट हैं और ज़्यादा खुले व इंटरैक्टिव बनना चाहते हैं। ऐसे में आप रोज़ किसी अजनबी से बात करना शुरू कर सकते हैं और सामाजिक बैठकों व कार्यक्रमों में हिस्सा ले सकते हैं।

समय के साथ, आपमें आत्मविश्वास आएगा और आप एम्बिवर्ट या एक्स्ट्रोवर्ट भी बन जाएंगे।

और इससे आपकी लिखावट अपने आप बदल जाएगी।

यह उन लोगों के लिए सबसे अच्छा तरीका है जो लिखना नहीं चाहते।

तो आप व्यक्तिगत रूप से कौन सी विधि अपनाने जा रहे हैं?

अलग-अलग गुणों के लिए आप अलग-अलग तरीकों का अभ्यास कर सकते हैं।

कुछ गुण, जैसे अक्षर और हस्ताक्षर, आसानी से अभ्यास (शुरुआती विधि) से सुधारे जा सकते हैं।

कुछ गुण, जैसे इंट्रोवर्ट होना या पैसों का सही प्रबंधन, कदम उठाने (एक्शन थेरेपी) से अपने आप बेहतर होने लगते हैं।

और कुछ बातें, जैसे छुपा हुआ तनाव, उदासी या अकेलापन, तभी ठीक होती हैं जब हम अपने विचारों और भावनाओं को बाहर निकालते हैं (जर्नलिंग)।

# नमूने इस तरह बनाए गए हैं

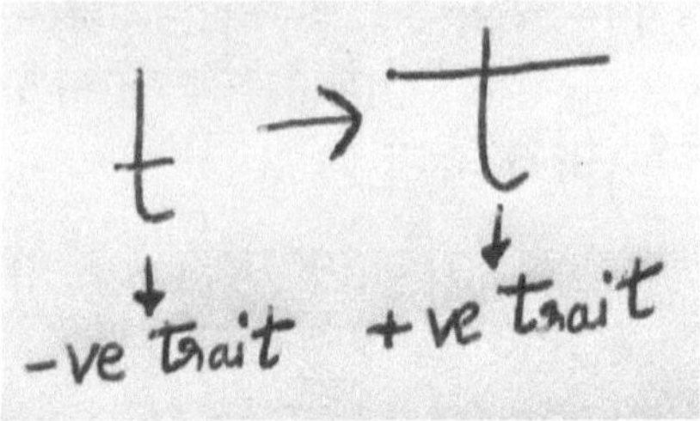


इस पूरी पुस्तक में आपको ऐसे चित्र मिलेंगे जिनके बीच में एक तीर होगा। आपको ऐसे चित्र भी मिलेंगे जिन में ऊपर से नीचे तीर जा रहा हैं।

दोनों ही मामलों में, बाईं ओर और ऊपरी ओर के लक्षण नकारात्मक हैं जिनसे बचने की आवश्यकता है। जबकि दाईं ओर या नीचे वाले सकारात्मक गुण हैं जिनकी ओर तीर इशारा कर रहा है।

उदाहरण के लिए - यहाँ बाईं ओर छोटा t बार है जो नकारात्मक है, जबकि दाईं ओर t उच्च और लंबी बार वाला है जो एक सकारात्मक लक्षण है क्योंकि यह उच्च आत्मविश्वास दर्शाता है।

कई चित्रों में ज़्यादा सकारात्मक विशेषताएँ होती हैं, क्योंकि कुछ सकारात्मक गुण किसी ख़ास व्यक्तित्व के लिए ही फायदेमंद होते हैं। इसलिए आपको दिए गए दूसरे विकल्पों में से एक सकारात्मक गुण चुनना होगा।

मैंने कई गुणों में नंबर दिए हैं, और उन्हीं नंबरों के हिसाब से चित्र के नीचे उनका अर्थ बताया गया है।

अखिलेश भागवत

# लिखावट की आम गलतियाँ

## लिखावट की ऐसी गलतियाँ जिन्हें नहीं करना चाहिए

लिखावट विश्लेषण किसी व्यक्ति की लिखावट को देखकर उसके व्यक्तित्व का पता लगाने का विज्ञान है। लिखावट बदलने से आपको अपने वास्तविक व्यक्तित्व को बेहतर बनाने में मदद मिलती है।

कुल मिलाकर, लिखावट में बदलाव करना ज़्यादा मददगार होता है, क्योंकि लिखावट में हस्ताक्षर की तुलना में ज़्यादा अक्षर होते हैं और यह आपके असली व्यक्तित्व को दिखाती है। वहीं हस्ताक्षर यह दिखाता है कि आप दूसरों के सामने खुद को कैसा दिखाना चाहते हैं, यानी आपका सार्वजनिक व्यक्तित्व। फिर भी, याद रखें कि एक बार में बहुत ज़्यादा बदलाव न करें। सलाह दी जाती है कि एक बार में केवल तीन बदलावों का अभ्यास करें, जब तक कि यह आपकी लिखावट का स्थायी हिस्सा न बन जाए।

सकारात्मक बदलाव व्यक्ति से व्यक्ति पर निर्भर करता है। जो बदलाव कुछ लोगों के लिए सही होता है, वही बदलाव दूसरों के लिए ज़रूरी नहीं कि सही हो। लेकिन कुछ नकारात्मक बदलाव ऐसे होते हैं जो सभी लोगों के लिए एक जैसे होते हैं और किसी के लिए भी अच्छे नहीं होते। इसलिए ऐसे बदलावों से हमें बचना चाहिए। यहाँ हम लिखावट में दिखने वाले आम नकारात्मक लक्षणों को देखेंगे।

लिखावट के दो भाग होते हैं, एक छोटे अक्षर और दूसरा बड़े अक्षर (कैपिटल अक्षर)। हम पहले छोटे अक्षरों में होने वाले बदलावों के बारे में जानेंगे और फिर बड़े अक्षरों की ओर बढ़ेंगे। मैंने छोटे अक्षरों में आने वाले कॉम्बिनेशन के बदलाव भी बताए हैं।

अखिलेश भागवत

# छोटे अक्षर

# परिचय

छोटे अक्षर हमारे भूत, वर्तमान और भविष्य को दिखाते हैं।

ये बड़े अक्षरों से अधिक पाए जाते हैं क्योंकि बड़े अक्षर अधिकतम वाक्य के आरंभ में ही मौजूद होते हैं।

और छोटे अक्षरों में बड़े अक्षरों से ज़्यादा बनावट (फॉर्मेशन) होती है।

इससे हमें बड़े अक्षरों की तुलना में लेखक के बारे में ज़्यादा जानने में मदद मिलती है। इसलिए कुल मिलाकर, छोटे अक्षरों में बदलाव करना बड़े अक्षरों से ज़्यादा ज़रूरी है।

याद रखें कि एक विशेष छोटे अक्षर का निर्माण किसी विशेष व्यक्तित्व के लिए सही हो सकता है, लेकिन यह किसी अन्य व्यक्तित्व के लिए गलत भी हो सकता है।

कुल २६ छोटे अक्षर होते हैं, लेकिन शुरुआत में सभी अक्षरों को एक साथ बदलने की ज़रूरत नहीं है।

अब यहाँ मैंने सबसे आम सकारात्मक और नकारात्मक लक्षणों का ज़िक्र किया है। ऐसे कई अक्षर निर्माण हैं जिनके बारे में आप जान सकते हैं, लेकिन वे आम तौर पर नहीं पाए जाते।

# अक्षर a

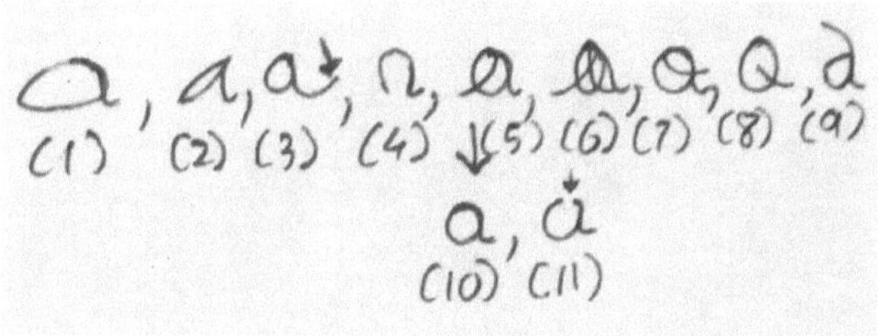

अक्षर 'a' घर को दर्शाता है। आप जान सकते हैं कि एक लेखक अपने कम्फर्ट ज़ोन में कितना सहज (कम्फर्टेबल) महसूस करता है। अधिकतर आपको लेखक की लिखावट और यहाँ तक कि हस्ताक्षर में भी (1), (2) किसी भी अन्य संरचना से अधिक मिलेगा।

चित्र (1) फैला हुआ 'a', आलस को दिखाता है । चित्र (2) दबा हुआ 'a', यह दिखाता है कि व्यक्ति घर में या अपने क़रीबी लोगों के साथ भी सहज महसूस नहीं कर पाता। इसलिए 'a' अक्षर का सामान्य अंडाकार आकार होना ज़रूरी है, जिसमें न तो अंदर कोई लूप हो और न ही कोई खाली जगह (गैप) हो।

चित्र (10): सामान्य 'a' यह दिखाता है कि व्यक्ति घर में कम्फर्टेबल महसूस करता है। वह अपने परिवार और दोस्तों के साथ खुलकर रहता है और अपने कम्फर्ट जोन में कम्फर्टेबल महसूस करता है।

चित्र (11) ऊपर से खुला, यहाँ लेखक घर पर या अपने करीबी दोस्तों के बीच बहुत बातूनी है। यह गैप जितना बड़ा होगा, लेखक उतना ही ज़्यादा बातूनी होगा।

# अक्षर b

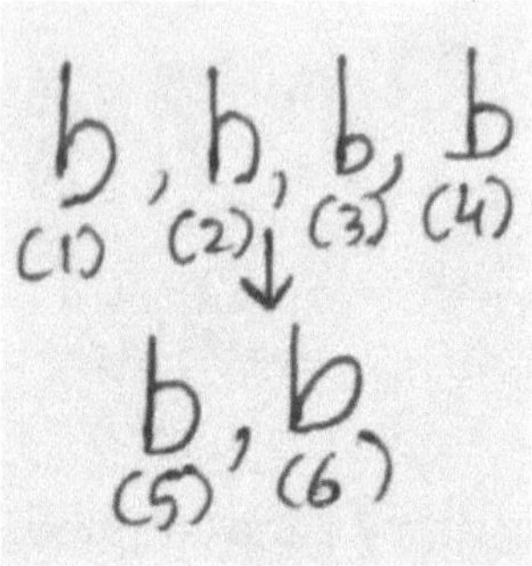


अक्षर 'b' हमें लेखक के रक्तचाप (बीपी), आत्म-संतुष्टि और लेखक किस प्रकार अपने ज्ञान का उपयोग स्वयं को तथा अपनी मानसिक क्षमताओं को बेहतर बनाने के लिए करता है, यह जानने में मदद करता है। नकारात्मक, सकारात्मक बनावट और भी हैं, लेकिन ये सबसे आम हैं।

चित्र (1, 2) अक्षर b में कोई भी नीचे की ओर का अंतर (गैप) खराब रक्तचाप (बीपी) और स्वयं के प्रति असंतोष को दर्शाता है। चित्र (3) अक्षर b में लूप, तने (स्टेम) से बड़ा होना चाहिए। छोटा लूप मानसिक तनाव पर काबू पाने में ज़्यादा समय लगने का संकेत देता है।

चित्र (5), यहाँ लेखक स्वयं से संतुष्ट है और उसकी मानसिक क्षमता अच्छी है, तथा वह तनाव पर अधिक शीघ्रता से काबू पा सकता है। चित्र (6) यहाँ लेखक ऊपर वाले जैसा ही है, अंतर केवल इतना है कि सिर्फ सीखने के बजाय वे जो सीखते हैं उसे स्वयं को बेहतर बनाने के लिए लागू करते हैं।

## अक्षर c

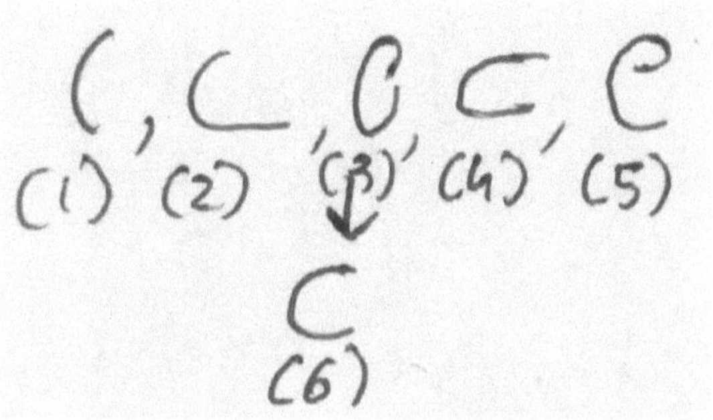


अक्षर 'c' हमें यह जानने में मदद करता है की लेखक अपने कम्फर्ट ज़ोन के बाहर कितना सहज (कम्फर्टेबल) महसूस करता है। आप यह जान सकते हैं कि कोई व्यक्ति नए लोगों के बीच सहज है या चिंतित (एंग्ज़ायस) । यह अक्षर आपकी सामाजिक आत्मविश्वास की समस्या को हल करने में मदद कर सकता है।

अक्षर a, अक्षर c का विपरीत अक्षर है। अक्षर c घर के बाहर के लोगों या वातावरण के बारे में है, जबकि अक्षर a घर के लोगों या वातावरण के बारे में है। अक्सर आपको (1) और (4) तरह की बनावटें दिखेंगी। (1) यह दिखाता है कि व्यक्ति नए लोगों के बीच कम्फर्टेबल महसूस नहीं करता, जबकि (4) यह दिखाती है कि व्यक्ति अपने कम्फर्ट ज़ोन के बाहर बहुत ज्यादा आराम में रहता है या थोड़ा आलसी हो सकता है।

आदर्श रूप से 'c' अक्षर को (6) की तरह लिखना सबसे अच्छा माना जाता है। यह दिखाता है कि व्यक्ति लोगों के बीच आराम से रहता है, आसानी से घुल-मिल जाता है और कम घबराता है।

## अक्षर d

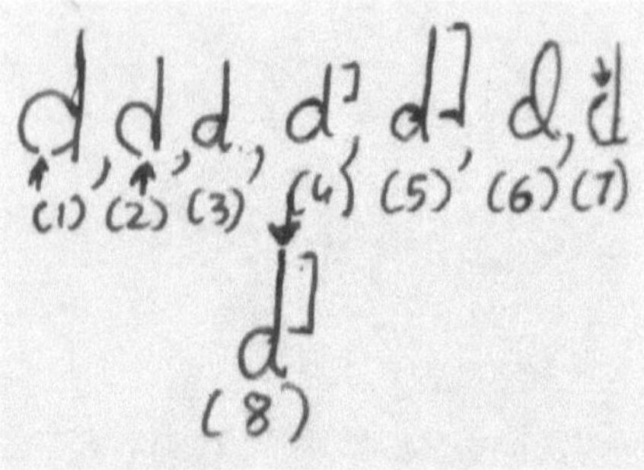

अक्षर d शारीरिक स्वास्थ्य और फिटनेस के बारे में है।

इससे पता चलता है कि लिखने वाला शारीरिक रूप से (फिज़िकली) फिट है और वह अपनी हेल्थ और अपीयरेंस पर की गई आलोचना को जल्दी दिल पर ले लेता है।

(4) और (6) कई लिखावटों और हस्ताक्षरों में पाए जाने वाले आम अक्षर हैं। (4) खराब शारीरिक स्वास्थ्य की ओर इशारा करता है। (6) यह दिखाता है कि व्यक्ति अपने शरीर या सेहत से जुड़ी आलोचना को जल्दी दिल पर ले लेता है।

स्टेम (डंडी) जितना लंबा होगा, लेखक उतना ही अधिक शारीरिक रूप से स्वस्थ होगा।

अब, (5) की तरह बहुत ज्यादा लंबी डंडी भी सही नहीं मानी जाती।

(8) में संतुलित डंडी है और कोई अंदरूनी लूप नहीं है । इससे पता चलता है कि व्यक्ति अपने शरीर को लेकर आत्मविश्वास रखता है और समझदार होता है।

# अक्षर e (महत्वपूर्ण)

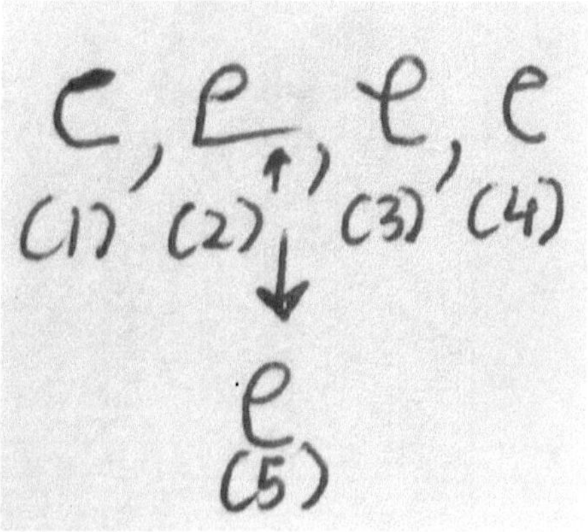


अक्षर e सुनने की क्षमता को दर्शाता है। यह कान का प्रतिनिधित्व करता है।

यहाँ दिखाए गए सभी प्रकार आम तौर पर पाए जाते हैं, लेकिन छोटे लूप वाला 'e', जैसे (1) और (4), सबसे ज्यादा देखने को मिलता है।

लूप जितना छोटा होगा, लेखक उतना ही खराब श्रोता (लिस्नर) होगा।

(3) यहाँ लेखक सुनते तो हैं, पर वे बातचीत के बीच में या बातचीत के बाद बहस करना शुरू कर सकते हैं।

इसलिए आदर्श रूप से (5) की तरह e में एक बड़ा लूप होना महत्वपूर्ण है, अब इसे बहुत बड़ा न बनाएं।

बड़ा लूप अच्छा सुनने की आदत, खुले विचार और दयालु स्वभाव को दिखाता है।

# अक्षर f (महत्वपूर्ण)

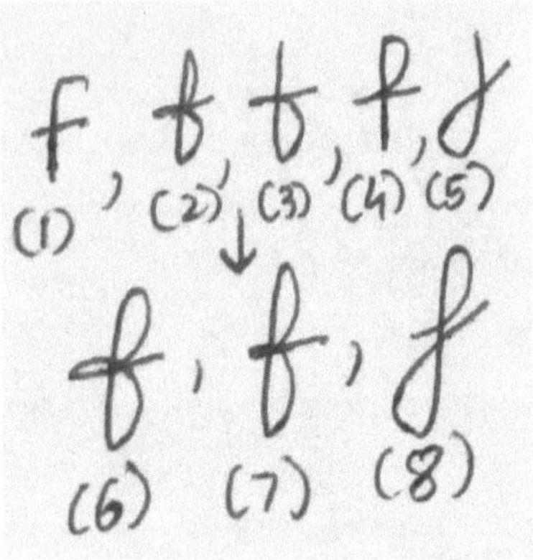

अक्षर 'f' आपको यह जानने में मदद करता है कि एक लेखक कितना व्यवस्थित (वेल-ऑर्गेनाइज्ड) है। कुछ लेखक केवल योजना बनाते हैं, जबकि कुछ केवल अमल (एग्जीक्यूट) करते हैं, और कुछ दोनों ही करते हैं। ऊपरी लूप नियोजन को दर्शाता है, निचला लूप अमल को और मध्य रेखा परिणाम को दर्शाती है।

अक्षर 'f' के 3 आदर्श रूप हैं। (6) में बीच में लूप होता है, जिसे हार न मानने वाला 'f' कहा जाता है। इसका मतलब है कि जब लेखक की योजना या अमल सफल नहीं होता, तब भी वह आगे बढ़ता रहता है और हार नहीं मानता। (7) में बीच में कोई लूप नहीं होता, यह ऊपर वाले जैसा ही है। फर्क सिर्फ़ इतना है कि ऐसे लोग ज़्यादा टिके रहने वाले, लेकिन दोनों लूप मौजूद होने की वजह से ये व्यवस्थित होते हैं। (8) में दो लूप होते हैं, जिनमें से एक बाईं ओर होता है। इससे पता चलता है कि व्यक्ति व्यवस्थित है, बातचीत में अच्छा है और माँ के मायके से जुड़ाव रखता है।

## अक्षर g, j, y (महत्वपूर्ण)

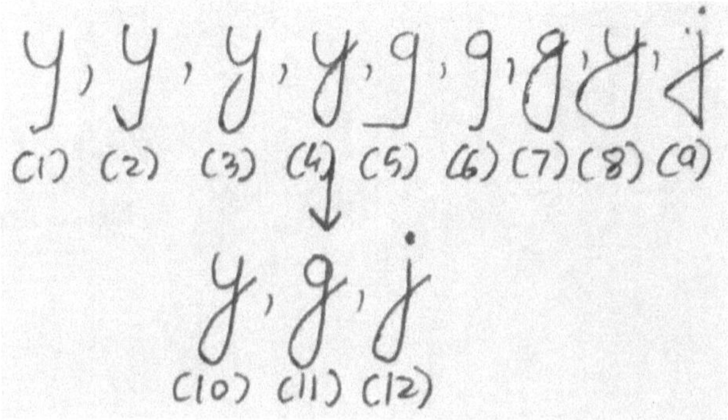


अक्षर 'y' यौन इच्छा, सामाजिक जीवन, सामाजिक खर्च और रिश्तों से जुड़ा होता है। अक्षर 'g' घर में होने वाले खर्च को दिखाता है, और अक्षर 'j' खुद पर होने वाले खर्च को दिखाता है। ये सभी अक्षर शरीर के निचले हिस्से की सेहत को भी दर्शाते हैं। अक्षर 'y', 'g' और 'j' के मुकाबले ज़्यादा मिलता है।

कई लोगों की लिखावट में 'y', 'g' और 'j' अक्षरों की अलग-अलग तरह की लूप बनावट होती है। कहीं त्रिकोण बने होते हैं, कहीं अधूरे लूप होते हैं और कहीं दूसरी अजीब बनावटें दिखती हैं। ऐसी असामान्य बनावटें अक्सर रिश्तों, पैसों की स्थिति, सामाजिक जीवन या शरीर के निचले हिस्से की सेहत से जुड़ी परेशानी और असंतोष को दिखाती हैं।

इन तीनों अक्षरों के लिए आदर्श बनावट एक संतुलित और पूरा लूप होती है। जैसा कि आप (10), (11) और (12) में देख सकते हैं, संतुलित लूप संतुलित सामाजिक जीवन, पैसों की स्थिति, सेक्स ड्राइव और शरीर के निचले हिस्से की अच्छी सेहत को दिखाता है।

# अक्षर h

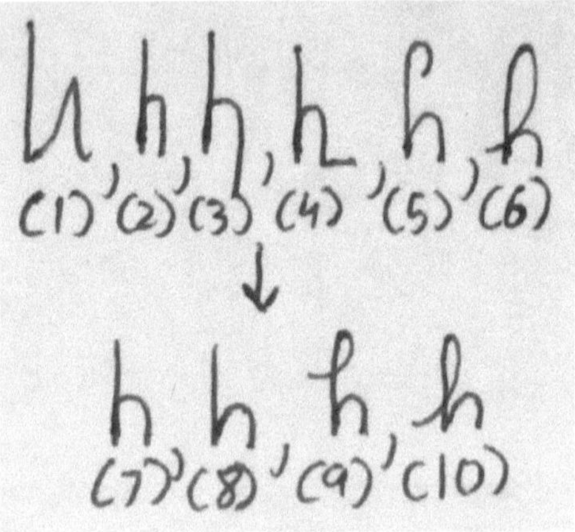


अक्षर 'h' यह बताता है कि लिखने वाला अपना ज्ञान कैसे व्यक्त करता है। कुछ लोग व्यावहारिक (प्रैक्टिकल) नॉलेज व्यक्त करते हैं, जबकि कुछ लोग किताबी (थ्योरेटिकल) नॉलेज व्यक्त करते हैं।

इसके अलावा, इससे यह भी पता चलता है कि लिखने वाला प्रैक्टिकल चीजें सीखना पसंद करता है या थ्योरिटिकल।

अब यहाँ कोई आदर्श संरचना नहीं है क्योंकि यह व्यक्तित्व पर निर्भर करती है। फिर भी, हर व्यक्तित्व को कुछ नकारात्मक संरचनाओं से बचना चाहिए।

(7) कोई v गठन (फार्मेशन) नहीं, यह लेखक थ्योरी में अच्छा होता है। वह थ्योरी जल्दी समझ लेता है और समस्याएं हल करने के लिए नियमों का पालन करता है।

(8) 'v' फॉर्मेशन में लेखक व्यावहारिक (प्रैक्टिकल) होता है और उसे थ्योरी पसंद नहीं होती। वह समस्याओं को सुलझाने

के लिए नए और अलग तरीके अपनाता है और जरूरत पड़े तो नियम भी तोड़ देता है।

(9) शीर्ष (टॉप) पर छोटा लूप, उनमें (7), (8) जैसे गुण हो सकते हैं, लेकिन इसके साथ वे खुले विचारों वाले होते हैं और दूसरे लोगों के ज्ञान और राय का सम्मान करते हैं, भले ही वह लेखक की सोच के विपरीत हो।

(10) लंबा लूप, यहाँ लेखकों के पास अपने ज्ञान को व्यक्त करने के कई अलग-अलग तरीके हैं। (6) में बहुत बड़ा लूप दर्शाता है कि लेखकों के पास इतने सारे विचार हैं कि वे भ्रमित हो जाते हैं कि वे जो जानते हैं उसे कैसे व्यक्त करें।

# अक्षर i (महत्वपूर्ण)

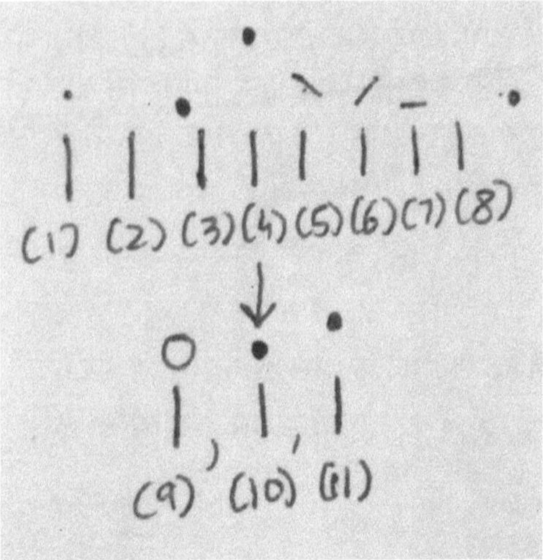


अक्षर 'i' यह बताता है कि व्यक्ति कितना कल्पनाशील (इमेजिनेटिव), रचनात्मक (क्रिएटिव), व्यवस्थित (ऑर्गनाइज़्ड) है और काम टालता है या नहीं (प्रोक्रेस्टिनेशन)।

यहाँ अक्षर i का बिंदु ज्यादा मायने रखता है। स्टेम (डंडी) कई अलग-अलग प्रकार के होते हैं, जैसे लूप वाले और स्टार्ट स्ट्रोक वाले, फिर भी आपको ज्यादातर बिना लूप वाले स्टेम मिलेंगे।

ज्यादातर मामलों में 'i' का डॉट बाईं ओर होता है (3), जो काम टालने की आदत को दर्शाता है। आपको (5) (6) (7) में जैसा डैश भी मिलेगा। यह आत्म-संदेह (सेल्फ डाउट) या स्वयं या दूसरों के प्रति चिड़चिड़ापन दर्शाता है। कोई बिंदु नहीं (2), यह लापरवाही दर्शाता है।

(9) इन लेखकों की कल्पना शक्ति बहुत तेज होती है, उनका व्यवहार बच्चों जैसा होता है। जिज्ञासु, मुस्कुराता हुआ,

ज़िंदादिल व्यक्तित्व। अक्सर कई लड़कियाँ और महिलाएँ 'i' को ऐसे लिखती हैं। वॉल्ट डिज़्नी में भी यही गुण था।

(10) स्टेम (डंडी) के ठीक ऊपर गहरा/काला बिंदु, यह लेखक अपने बारे में सोचते समय काफी डिटेल में जाता है और खुद को व्यवस्थित रखता है।

(11) स्टेम (डंडी) के ऊपर गहरा/काला बिंदु, अच्छी कल्पना और रचनात्मकता होती है। व्यक्ति समझदार होता है। लेकिन (4) जैसा बहुत ऊँचा बिंदु हद से ज़्यादा कल्पना को दिखाता है।

# अक्षर k

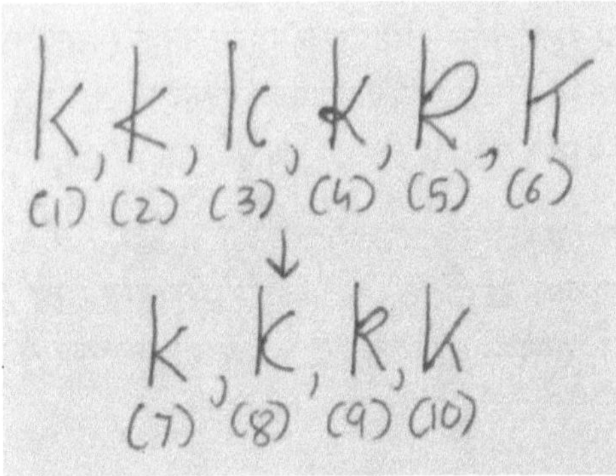


अक्षर k से आपको पता चलता है कि कोई लेखक लंबे समय तक रिश्ता निभा सकता है या नहीं। क्या वे मजाकिया होते हैं या नहीं और वे अपनी रोमांटिक भावनाओं को कैसे व्यक्त करते हैं? अक्षर k में कोई भी गैप या क्रॉसओवर अच्छा नहीं है।

(7) एंगल 'k' वाला लेखक रिश्तों को लंबे समय तक संभालता है और अपनी भावनाएँ जल्दी व्यक्त कर पाता है।

(8) गोल k, ये रोमांटिक होते हैं और पहले दूसरे व्यक्ति को समझते हैं, फिर अपनी भावनाएँ व्यक्त करते हैं। इन्हें रोमांटिक भावनाएँ व्यक्त करने में थोड़ा समय लगता है।

(9) छोटा लूप, ऐसे लेखक को खुद फैसले लेना पसंद होता है। वह किसी के दबाव में रहना नहीं चाहता, अगर लूप बहुत बड़ा हो तो बहुत विद्रोही हो जाते हैं, जैसे (5)। (10) कोणीय संरचना, अपनी रोमांटिक भावनाओं को व्यक्त करते समय ज्यादा भावनाएँ नहीं दिखाते। वे ज्यादातर समय अरेंज मैरिज करते हैं।

# अक्षर l

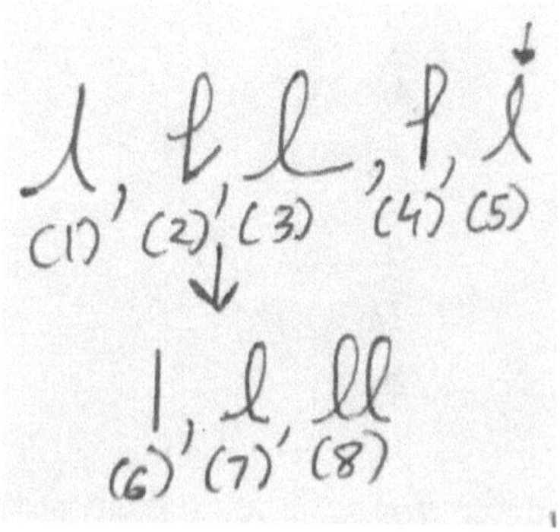


अक्षर 'l' से आप जान सकते हैं कि एक लेखक कितनी तेजी से विचारों को कार्यों में परिवर्तित करता है।

(6) ये लेखक अपने विचारों को तुरंत अमल में लाते हैं। बेबाक और सीधे।

(7) मध्यम आकार के गोल लूप, इन्हें अपने विचारों को अमल में लाने में थोड़ा समय लगता है, लेकिन जब करते हैं तो रचनात्मक तरीके से करते हैं। ये शांत और भरोसेमंद होते हैं और भविष्य को लेकर बड़ी उम्मीदें रखते हैं ।

याद रखें कि शीर्ष (टॉप) नुकीला नहीं होना चाहिए जैसा कि (5) में देखा गया है क्योंकि इसका मतलब है कि ये लेखक तब तक अपने विचारों को काम में नहीं लाते, जब तक उन्हें नतीजे का पूरा भरोसा न हो जाए।

(8) कनेक्टेड राउंडेड लूप, ये लचीले लोग होते हैं, जो काम करते समय ज़रूरत पड़ने पर सोच भी लेते हैं और बदलाव भी कर लेते हैं।

# अक्षर m (महत्वपूर्ण)

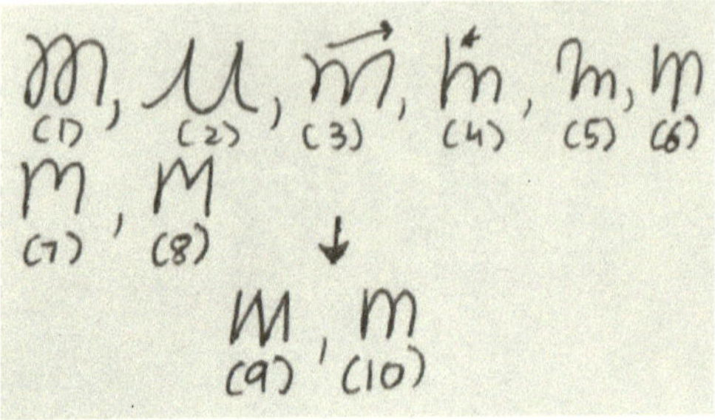


अक्षर 'm' आपको यह समझने में मदद करता है कि कोई लेखक कितनी जल्दी लंबे समय (लॉन्ग टर्म) की आदतें बनाता है और उन्हें बनाते समय उसका व्यवहार कैसा रहता है। आप यह भी जान सकते हैं कि कोई व्यक्ति तेज़ सोचता है या धीमा।

(1)(3)(7)(8) कई लिखावट में पाए जाने वाले सबसे आम नकारात्मक अक्षर m हैं। (1) m में लूप, व्यक्ति को आदतें बनाने और फैसले लेने में दुविधा होती है। (3) दाईं तरफ हंप ऊँचा, लेखक सेल्फ-कॉन्शियस होता है। वे इस बात की चिंता करते रहते हैं कि दूसरे उनके बारे में क्या सोच रहे हैं। (7), (8) इन लेखकों की आदतें पूरी तरह बन नहीं पाती।

(9) नुकीला m, ये तेज़ सोचने वाले होते हैं, जल्दी फैसले लेते हैं और बुद्धिमान होते हैं। कई अधिकारी और लीडर में यह गुण पाया जाता है। स्वभाव से ये थोड़े आक्रामक भी हो सकते हैं।

(10) गोल m, यह व्यक्ति फैसले लेने और सीखने में समय लेता है, पर चीज़ें देर तक याद रखता है। एक जगह बैठकर बहुत सारा काम कर सकता है।

# अक्षर n (महत्वपूर्ण)

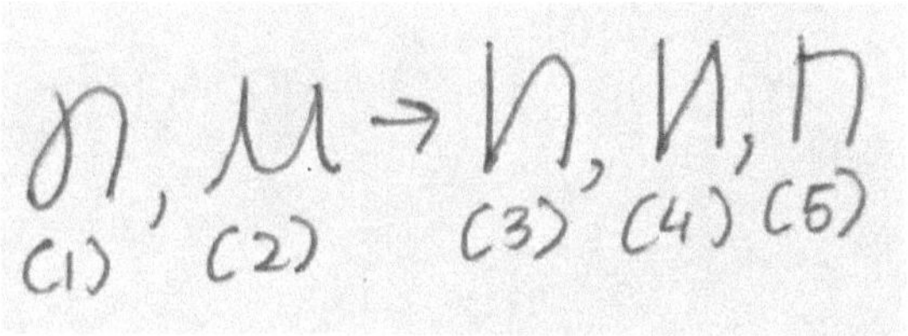

अक्षर n उन आदतों या कार्यों को दर्शाता है जो हम कभी-कभार ही करते हैं। यहाँ m की तरह, कुछ लेखक जल्दी से तय कर लेते हैं कि उन्हें कहाँ जाना है या कौन सी फिल्म देखनी है, जबकि कुछ सोचते ही रह जाते हैं।

n में कोई भी लूप या u संरचना अच्छी नहीं है।

(3) नुकीला और गोल, लेखक कभी-कभी यह तय करने में समय लेते हैं कि क्या करना है, और एक बार तय कर लेने के बाद वे नियम तोड़कर उसे पूरा कर लेते हैं। उदाहरण के लिए, वे छुट्टियों की जगह तय करने से पहले बहुत सोचते हैं, और एक बार तय कर लेने के बाद वे जल्दी से टिकट बुक कर लेते हैं।

(4) नुकीला n, वे जल्दी से छुट्टी की जगह तय कर लेते हैं और टिकट बुक कर लेते हैं। एनालिटिकल थिंकर।

(5) पूर्ण गोल n, जब लेखक कोई नई चीज करते हैं, जो उनकी आदत नहीं होती, तब वे नियमों के हिसाब से काम करते हैं।

# अक्षर o (महत्वपूर्ण)

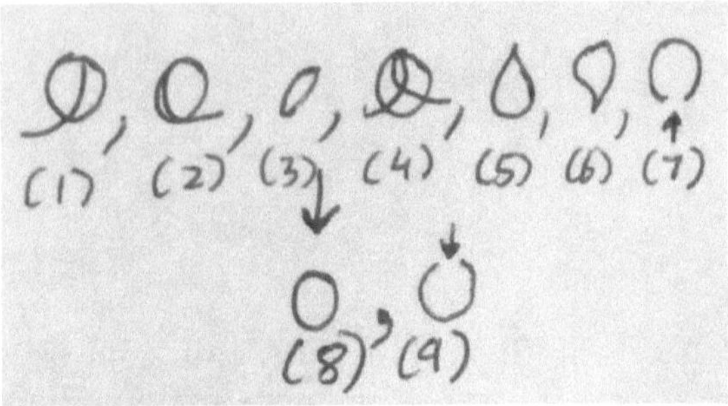


अक्षर ‘o’ मुँह का प्रतिनिधित्व करता है। इससे पता चलता है कि व्यक्ति बोलने में कैसा है और उसकी पाचन शक्ति कैसी है।

(1), (2) सबसे आम हैं। (1) ऐसे लेखक सच्चाई का सामना करने से बचते हैं और अपने बारे में ऐसी बातें मान लेते हैं जो सच नहीं होतीं, सिर्फ़ इसलिए क्योंकि सच्चाई उन्हें अच्छी नहीं लगती। (2) ऐसे लोगों को दिखाता है जो स्वभाव से गुप्त रहते हैं और पूरी तरह खुलते नहीं हैं। दाईं ओर का लूप जितना बड़ा होगा, लेखक उतना ही ज़्यादा गुप्त स्वभाव का होगा। थोड़ा सा दाईं ओर का लूप ठीक हो सकता है। अगर कोई थोड़ा गुप्त (सीक्रेटिव) रहना चाहता है, तो छोटा लूप ठीक होता है, लेकिन बहुत बड़ा लूप अच्छा नहीं माना जाता।

(8) यहाँ के लेखक खुले विचारों वाले और स्पष्टवादी (स्ट्रेट फॉरवर्ड) हैं। वे अपनी राय साफ और सच्चे तौर पर बताते हैं।

(9) टॉप पर गैप, बातूनी लोग, क्योंकि यहाँ मुंह खुला हुआ दिखता है। जितना ज्यादा गैप होगा, लेखक उतना ही ज़्यादा बातूनी होगा।

## अक्षर p

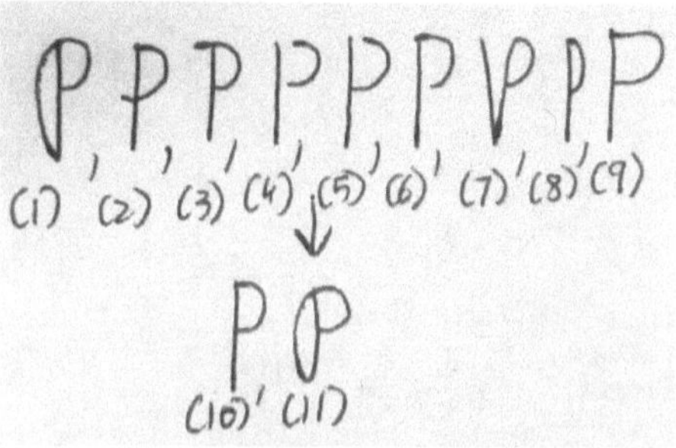


अक्षर 'p' आपको यह जानने में मदद करता है कि एक लेखक शारीरिक रूप से कितना सक्षम है। कुछ लोग शारीरिक रूप से जल्दी रिएक्ट करते हैं, कुछ को समय लगता है। कोई जल्दी थक जाता है, तो कोई धीरे-धीरे लेकिन लगातार आगे बढ़ता रहता है। कोई भी गैप या अतिरिक्त अंत/आरंभ या बहुत छोटा/बड़ा आकार का लूप एक अच्छा 'p' नहीं बनाता है। 'p' के कई अच्छे प्रकार हैं, इसलिए अभी तक कोई भी आदर्श नहीं है। (10), (11) ये सरल 'p' हैं, जिन्हें कोई भी आसानी से अपना सकता है।

(10) मध्यम और पूर्ण लूप p, लेखक आवश्यकता पड़ने पर शारीरिक रूप से तुरंत प्रतिक्रिया (रिएक्ट) कर सकते हैं, क्योंकि उनका आंतरिक (इंटरनल) शारीरिक स्वास्थ्य अच्छा है। (11) 'p' में नीचे की ओर गोल और पीछे की तरफ लूप है, कई एथलीट इसी तरह लिखते हैं। ऐसे लेखक शारीरिक रूप से बहुत सक्रिय होते हैं, चाहे खेल हो, सेक्स हो या रोज़ की गतिविधियाँ। ध्यान रखें कि लूप बहुत बड़ा या नुकीला न हो, जैसे (1) में है, क्योंकि यह शरीर पर ज़्यादा ज़ोर डालने का संकेत देता है।

# अक्षर q

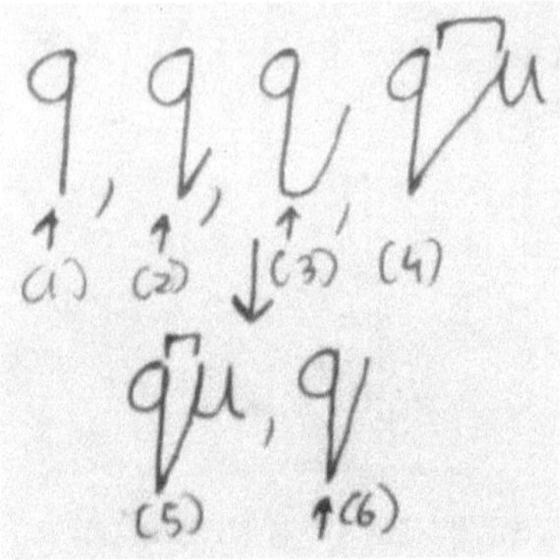

अक्षर ‘q’ आपको यह जानने में मदद करता है कि क्या कोई लेखक सही समय पर आक्रामकता दिखाता है या बस दूसरों को अपना फायदा उठाने देता है। कुछ लेखकों को अपने लिए खड़े होने में दिक्कत होती है, और यह बात इस अक्षर में दिखाई देती है। नीचे का हिस्सा न होना (1) या छोटा कोण (2) या गोल निचला हिस्सा (3) होना अच्छा नहीं है। यहाँ, लेखक अपने लिए खड़े नहीं हो पाएँगे और जहाँ ज़रूरत न हो वहाँ आक्रामकता दिखा सकते हैं। दूसरों को ‘ना’ कहने में परेशानी।

(6) q लिखने का आदर्श तरीका है लंबा कोण बनाना। ज़रूरत पड़ने पर ये गुस्सा दिखाते हैं और अपने लिए खड़े हो जाते हैं।

(5) यह भी याद रखें कि कनेक्शन और q के एंगल के बीच थोड़ा सा गैप रखें। (4) जैसा बड़ा एंगल गैप गुस्से को दर्शाता है जो हिंसा का कारण बन सकता है। वे जो कह रहे हैं या कर रहे हैं उस पर उनका कोई नियंत्रण नहीं है।

# अक्षर r

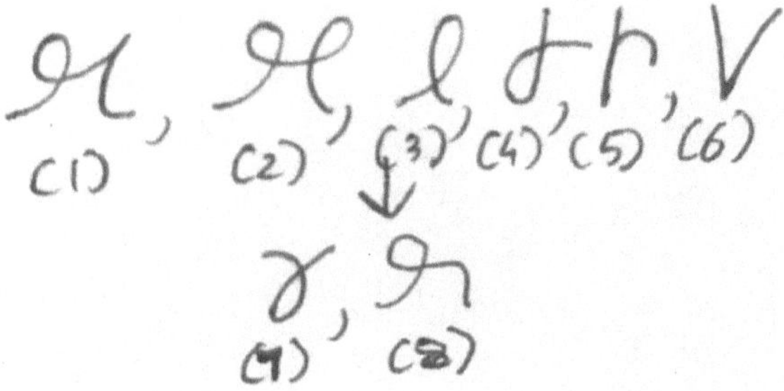

अक्षर 'r' आपको यह जानने में मदद करता है कि एक लेखक कितनी तेजी से समस्याओं का समाधान करता है। यह बताता है कि लेखक अपनी क्रिएटिविटी के लिए दूसरों से तारीफ़ चाहता है या बिना तारीफ के भी खुद से संतुष्ट रहता है।

(1) और (3) सबसे आम तौर पर पाए जाते हैं। (1) यह लेखक अपनी क्रिएटिविटी के लिए दूसरों से तारीफ़ चाहता है (3) थ्योरी में, उनका रचनात्मक विचार अच्छा लग सकता है, लेकिन व्यावहारिक (प्रैक्टिकल) रूप से ऐसा नहीं हो सकता है।

(7) यहाँ के लेखकों को समस्याओं का समाधान करने में भले ही थोड़ा समय लेते हैं, पर काम रचनात्मक तरीके से करते है। दूसरों को उनकी रचनात्मकता को समझने में थोड़ा समय लगता है। (8) कर्सिव स्मूथ r, वे समस्याओं को अधिक तेज़ी से और रचनात्मक रूप से हल कर सकते वे अपनी रचनात्मकता के लिए खुद से संतुष्ट रहते हैं और दूसरों पर निर्भर नहीं होते। याद रखें कि (1) और (8) में अंतर है। (1) इसमें अंत नुकीला है, और (8) में अंत स्मूथ है।

## अक्षर s

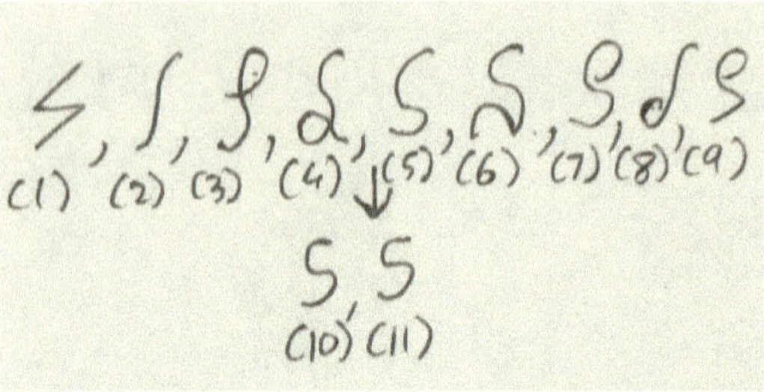


अक्षर 's' आपको लेखक के सब्र (पेशेंस) के स्तर को जानने में मदद कर सकते हैं क्योंकि कुछ लोग बहुत धैर्यवान होते हैं जबकि कुछ में बिल्कुल भी सब्र नहीं होता। यह अक्षर आपको मनिफेस्टेशन में भी मदद कर सकता है।

(1), (2), (3), (4), और (5) सबसे आम हैं। कभी-कभी ऊपर या नीचे की तरफ नुकीले कोण भी बनते हुए दिखते हैं। (1) कोण, यह लेखक हर बात का कारण जानना चाहता है और इंतज़ार नहीं कर पाता। (2) कर्व न होने की वजह से ऐसे लेखकों में धैर्य कम होता है। (3) शुरुआत में लूप होने के कारण चीज़ें मैनिफ़ेस्ट होने में समय लेती हैं। (4) डाउन लूप, मिलने के बाद भी उसे और चाहिए होता है। (5) वे सहानुभूति दिखाने की बात करते हैं लेकिन वास्तव में इसे नहीं दिखाते हैं।

(10) अच्छा सब्र (पेशेंस) का स्तर, वे चीजों को आसानी से मैनिफ़ेस्ट करते हैं।

(11) नीचे की तरफ गैप ज्यादा है। ऐसे लोग सहानुभूति ज्यादा दिखाते हैं, लेकिन उसके बारे में कम बात करते हैं। इनका सब्र अच्छा होता है।

## अक्षर t (महत्वपूर्ण)

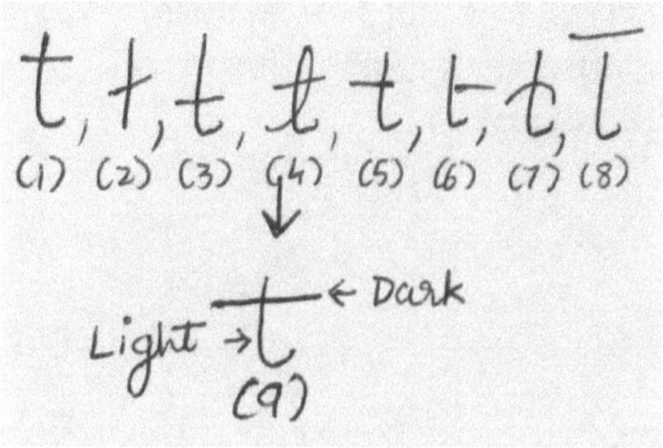


ग्राफोलॉजी में अक्षर 't' सबसे महत्वपूर्ण अक्षर है, क्योंकि इससे आपको यह पता चलता है कि एक लेखक में कितना आत्मविश्वास है और वह कितने बड़े सपने देखता है। इससे काम टालने की आदत और चिड़चिड़ापन भी पता चलता है।

(2), (3), (4), (5) सबसे ज्यादा पाए जाने वाले अक्षर हैं। (2) 't' में नीचे कोई हूक नहीं होता। ऐसा लेखक साफ और सीधी बात कहता है, इसलिए कभी-कभी उसकी बातें बहुत ज्यादा सीधी हो जाती हैं, जो दूसरों को कठोर लग सकती हैं और उन्हें चोट पहुँचा सकती हैं। (3) लो t बार कम आत्मविश्वास को दिखाता है। (4) इनरलूप, जब कोई लेखक के बारे में बुरा बोलता है या उसे क्रिटिसाइज़ करता है, तो वह जल्दी बुरा मान जाता है। लूप जितना बड़ा होगा, लेखक उतना ही ज़्यादा बुरा मानेगा। (5) t बार बाईं ओर, काम टालने की आदत को दर्शाता है।

(9) t बार गहरा, ऊँचा, लंबा और बीच में है, यह आदर्श माना जाता है, क्योंकि ऐसे लेखक बड़े सपने देखते हैं और उन्हें पूरा करने का विश्वास रखते हैं। बार जितना ऊँचा होगा, वे उतने

ही बड़े सपने देखेंगे, (8) की तरह बहुत ऊँचा t बार होना ऐसे सपने देखने वाले को दर्शाता है जो ज्यादा कुछ हासिल नहीं करता। (1) की तरह छोटा t बार का मतलब है कि लेखक को खुद पर भरोसा नहीं है। उन्हें पूरा विश्वास नहीं है कि वे अपने सपने पूरे कर सकते हैं।

## अक्षर u

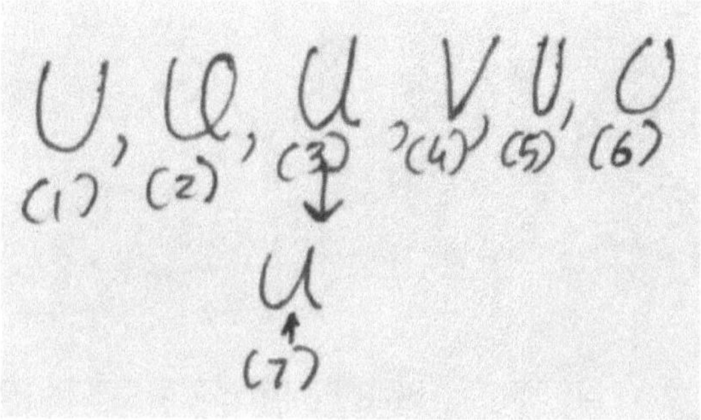


अक्षर 'u' आपको यह जानने में मदद करता है कि कोई लेखक ज़रूरत पड़ने पर कोमलता दिखाता है या नहीं। इससे यह भी पता चलता है कि कोई व्यक्ति चीज़ों को सिर्फ़ थ्योरी में समझता है या उन्हें प्रैक्टिकली करके सीखना पसंद करता है।

(1) और (4) सबसे आम 'u' हैं जो आपको मिलेंगे। (1) बड़े 'U' की तरह, ये लेखक चीज़ों को थ्योरी में समझना पसंद करते हैं। जो सीखते हैं, उसे ज़्यादा लागू नहीं करते। (4) यहाँ 'u' को 'v' जैसा लिखा गया है, लेखक जहाँ कोमलता की जरूरत होती है, वहाँ कठोरता से काम करते हैं, जिससे वे खुद को चोट पहुंचाते हैं या काम ठीक से नहीं कर पाते।

(7) 'u' के अंत में कोण, सिर्फ़ समझने के बजाय, चीज़ों को व्यावहारिक (प्रैक्टिकल) रूप से करना पसंद करते हैं। जब कोमलता की जरूरत होती है, तो वे नरमी (सॉफ्ट) से पेश आते हैं। (3) यहाँ भी जब जरूरत होती है, लेखक नरम तरीके से पेश आता है। लेकिन जो वह समझता है, उसे लागू करने में थोड़ा समय लेता है। इस तरह का 'u' अक्सर नए सीखने वालों में होता है।

## अक्षर v

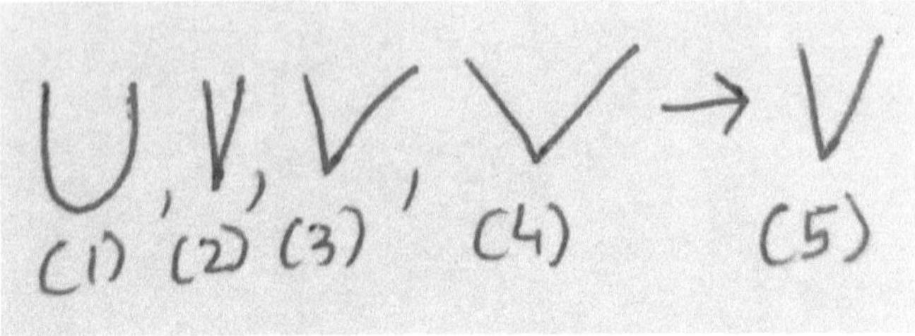


अक्षर 'v' से आपको पता चलता है कि लेखक ज़रूरत पड़ने पर तुरंत बदलाव करता है या नहीं। 'v' का कोण बताता है कि लेखक ज़रूरत पड़ने पर कड़ा व्यवहार (रफ़नेस) दिखाता है या नहीं, और तुरंत एक्शन लेता है या नहीं।

(1), (3) सबसे आम अक्षर v हैं, (1) यहाँ 'v' को 'u' जैसा लिखा गया है, ये लेखक आम तौर पर धीरे काम करते हैं। जरूरत पड़ने पर भी ये जल्दी या सख्ती से काम नहीं करते। (3) यहाँ लेखक ऐसी स्थिति से भागने की कोशिश कर रहा है जिससे उसे सीखने की आवश्यकता है।

(5) एंगल 'v' में लेखक थ्योरी में समझी हुई बातों को जल्दी प्रैक्टिकल रूप में लागू कर लेते हैं। (2) पतला 'v' तेज़ सोच और तेज काम दिखाता है, लेकिन ज़्यादा सोचने की वजह से उन्हें बहुत आराम चाहिए होता है।

## डब्ल्यू अक्षर

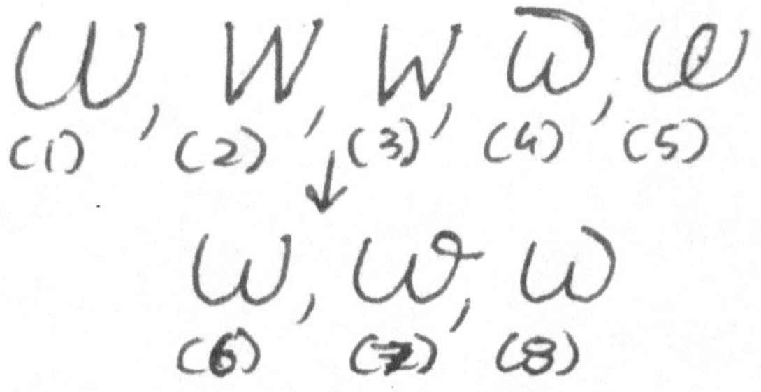


अक्षर 'w' पहले ज्ञान हासिल करने और फिर उसी ज्ञान से आदतें बनाने से जुड़ा होता है। यह लेखक का माँ और महिलाओं के साथ रिश्ता भी समझने में मदद करता है।

(2) और (3) में नीचे का हिस्सा नुकीला होता है, इसलिए ऐसे लेखकों को दूसरों, खासकर महिलाओं को समझने में दिक्कत होती है। (1) में नीचे का हिस्सा गोल होता है, लेकिन बीच की रेखा लंबी होती है, इसलिए ये लोग महिलाओं और दूसरों का ज़रूरत से ज़्यादा विश्लेषण करते हैं।

(6) में नीचे का हिस्सा गोल होता है और बीच की रेखा छोटी होती है। ऐसे लेखक नई आदतें बनाते समय सब्र (पेशेंस) रखते हैं। ये दूसरों, खासकर महिलाओं को समझ पाते हैं और ज़्यादा विश्लेषण नहीं करते।

(7) वे आदतें बनाते समय उसमें थोड़ी रचनात्मकता जोड़ते हैं।

(8) में लेखक माँ के साथ ज्यादा जुड़ाव महसूस करता है।

## अक्षर x

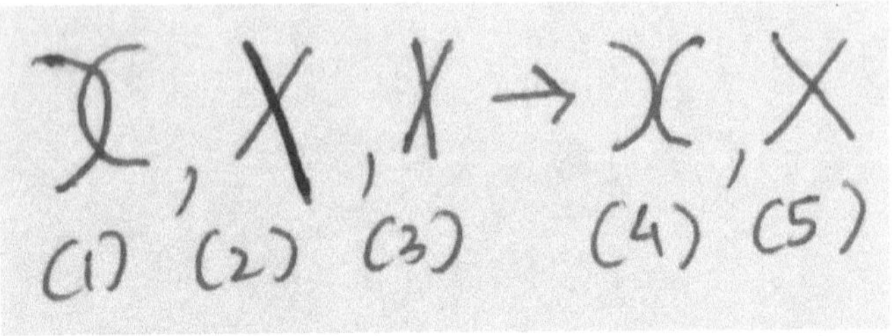


अक्षर x, आपको यह जानने में मदद करता है कि क्या कोई लेखक अपने विचारों पर सवाल उठाने की कोशिश कर रहा है या अपने विचारों को समझने की कोशिश कर रहा है। इस प्रकार, x हमें यह जानने में मदद करता है कि लेखक विचारों पर कैसी प्रतिक्रिया (रिएक्शन) देता है। यह एक दुर्लभ अक्षर है, इसलिए इसके प्रकारों की संख्या भी कम है।

(4) गोल x, ये लेखक विचारों पर सवाल उठाने के बजाय उन्हें समझने की कोशिश करते हैं। दूसरे लोग इनसे प्रभावित होते हैं क्योंकि इनके विचारों में स्पष्टता होती है और ये भावनाओं को अपने विचार प्रक्रिया से जोड़ते हैं।

(5) एंगल 'x', ये लोग अपने विचारों पर सवाल उठाते हैं और उन पर बहस करते हैं। ये तर्कसंगत (रैशनल) होते हैं और सोचते समय भावनाओं को ज्यादा जगह नहीं देते। उनका सोचने का तरीका थोड़ा पेचीदा (कॉम्प्लेक्स) होता है।

## अक्षर z

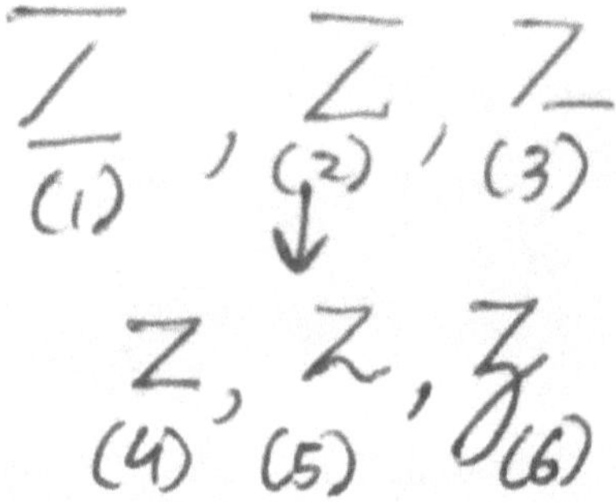

अक्षर 'z' से यह पता चलता है कि कोई लेखक चीज़ों को मैनिफ़ेस्ट करते समय कैसे व्यवहार करता है। यह एक बहुत दुर्लभ अक्षर है।

(4) कोण 'z', ये लोग यह जानना चाहते हैं कि मैनिफेस्टेशन कैसे होती है। उनका मानना होता है कि उनकी राय सही है और दूसरों को उनसे सहमत होना चाहिए।

(5) ऊपर कोण और नीचे वक्र, ये लोग परिस्थिति के अनुसार अपना व्यवहार बदलते हैं। जल्दी करने के बजाय शांति से मैनिफेस्टेशन को समझना चाहते हैं। ऐसे लोग परिपक्व (मैच्योर) होते हैं।

(6) ये लोग मैनिफेस्टेशन को समझने और बढ़ाने के लिए शारीरिक रूप से कुछ करना चाहते हैं। ये तुरंत लाइव परिणाम देखना चाहते हैं।

# कॉम्बिनेशन लेटर्स

## कॉम्बिनेशन लेटर्स क्या है?

जब दो या ज्यादा अक्षरों को साथ देखकर व्यक्तित्व समझा जाता है, उसे कॉम्बिनेशन लेटर्स कहते हैं।"

उदाहरण के लिए - बातचीत करने की क्षमता, शरीर और दिमाग की ताकत, पैसों की स्थिति आदि।

अच्छा व्यक्तित्व बनाने के लिए सही और संतुलित कॉम्बिनेशन जरूरी होते हैं।

कभी-कभी किसी लेखक में कुल मिलाकर कोई नकारात्मक गुण होता है। जैसे - किसी को सुनने और बोलने दोनों में ही दिक्कत हो सकती है। ऐसे में केवल एक अक्षर का बदलाव नहीं, बल्कि दोनों अक्षरों में बदलाव सुझाना जरूरी होता है।

इन बदलावों को करने से लेखक की पूरी कम्युनिकेशन स्किल बेहतर होती है, न कि व्यक्तित्व के सिर्फ़ एक हिस्से में सुधार होता है।

अब कई कॉम्बिनेशन होते हैं, लेकिन यहाँ हम सबसे ज़रूरी कॉम्बिनेशन देखेंगे।

# अक्षर t और h - विनम्र या अहंकार

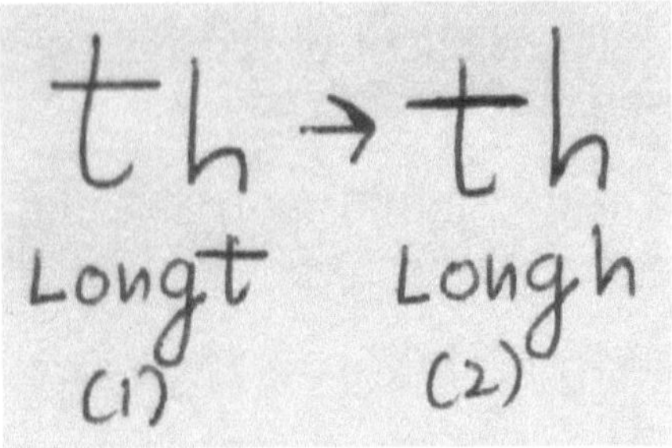


अक्षर 't' आपके अहंकार और आपके वर्तमान ज्ञान के बारे में है, जबकि 'h' दूसरों से नया ज्ञान प्राप्त करने और अपने वर्तमान ज्ञान को व्यक्त करने के बारे में है।

(1) t (अहंकार) h (दूसरों के सुधार, ज्ञान) से ऊँचा है। यहाँ लेखक को यह पसंद नहीं कि दूसरे लोग उसे सुधारें, क्योंकि उनका मानना है कि वे सब कुछ जानते हैं।

(2) h (दूसरों के सुधार, ज्ञान) t (अहंकार) से ऊँचा है, ऐसा लेखक विनम्र होता है। वह अपना ज्ञान व्यक्त करता है, लेकिन अगर कोई उसे सुधारता है या कुछ नया सिखाता है, तो वह सीखने के लिए भी तैयार रहता है।

एक ही आकार का 'th' बहुत कम देखने को मिलता है। ऐसे लेखक दूसरों द्वारा सुधार को स्वीकार करते हैं, लेकिन एक तय सीमा तक ही।

# अक्षर o और e -  कम्युनिकेशन स्किल

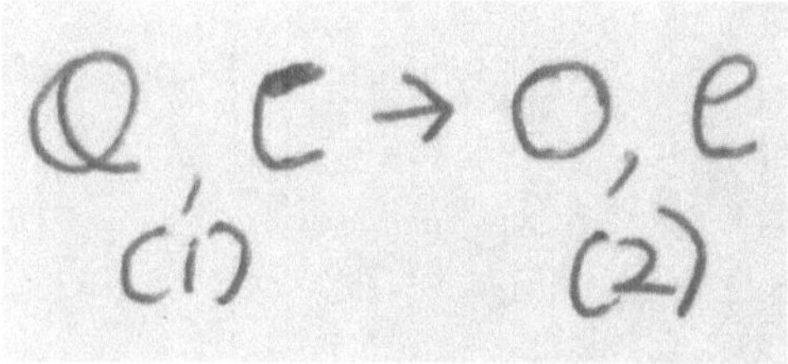


अक्षर 'o' बोलने के कौशल के बारे में है, जबकि अक्षर 'e' सुनने के कौशल के बारे में है।

जब अक्षर 'o' में दाईं ओर बड़ा लूप होता है और अक्षर 'e' में बहुत छोटा लूप होता है, तो ऐसा लेखक अच्छा सुनने वाला नहीं होता। वह स्वभाव से गुप्त रहता है और बातें पूरी या साफ़ तरह से नहीं कहता। 'o' और 'e' के ऐसे कई कॉम्बिनेशन होते हैं जो अच्छे नहीं माने जाते। इनके बारे में आप मेरी हैंडराइटिंग एनालिसिस की किताब में पढ़ सकते हैं, जो अमेज़न पर उपलब्ध है (नाम: लुक एंड एनालाइस)

(2) साफ़ 'o' और 'e' में बड़ा लूप, लेखक की बोलने और सुनने की क्षमता दोनों अच्छी होती हैं। कुल मिलाकर उसकी कम्युनिकेशन स्किल्स अच्छी होती हैं।

# अक्षर m और n - आदतें

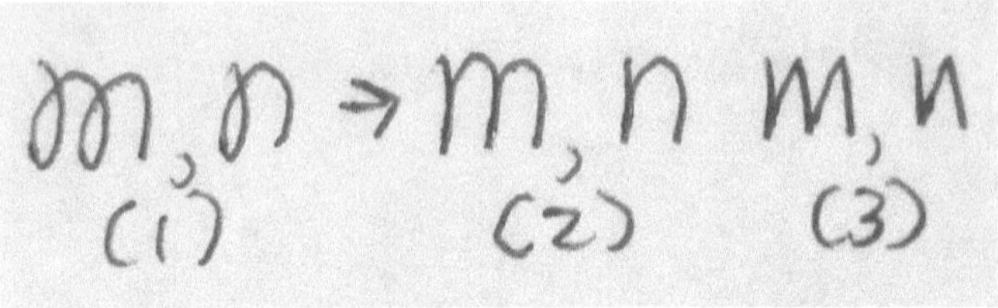


अक्षर 'm' लेखक की बिना किसी पूर्व ज्ञान के लंबे समय की आदतें बनाने की क्षमता को दर्शाता है। अक्षर 'n' छोटे समय की आदतों और छोटे समय के फैसलों को दर्शाता है।

(1) m और n में लूप्स, यह लेखक फैसले लेने में कन्फ्यूज़ रहता है, इसलिए न लंबे समय की और न ही छोटे समय की आदतें सही से बना पाता।

(2) गोल m और n, ऐसे लेखक फैसले लेने में जल्दी नहीं करते, चाहे वह लंबे समय का फैसला या आदत हो, छोटे समय का फैसला या आदत हो, या कोई और निर्णय।

(3) नुकीला (पॉइंटेड) m और n, ये लेखक लंबे समय और छोटे समय की चीजों और आदतों के लिए जल्दी फैसले लेते हैं।

# अक्षर c और a - गृह एवं सामाजिक

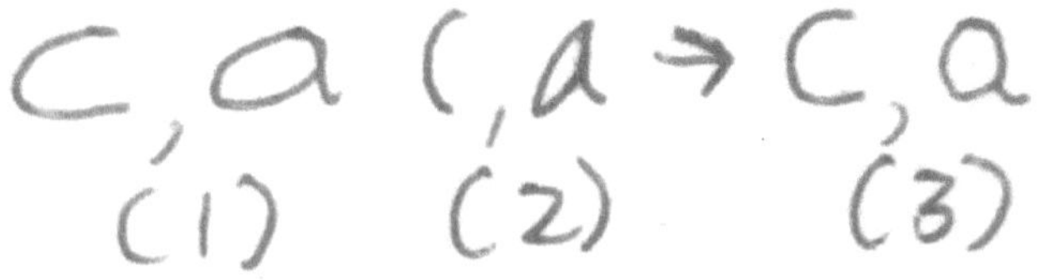

अक्षर 'a' हमें यह जानने में मदद करता है कि लेखक घर पर या अपने आराम क्षेत्र में कितना सहज (कम्फर्टेबल) महसूस करते हैं, जबकि अक्षर 'c' हमें यह जानने में मदद करता है कि लेखक नए लोगों के बीच या सामाजिक रूप से कितना कम्फर्टेबल महसूस करते हैं।

(1) यहाँ के लेखक घर के साथ-साथ सामाजिक जीवन में भी आलसी होते हैं। (2) ज़्यादा गैप और सिकुड़ा हुआ। यहाँ लेखक सामाजिक और घरेलू स्तर पर अनकम्फर्टेबल महसूस करता है, जो अच्छा संकेत नहीं है, क्योंकि एक लेखक को कम से कम एक जगह तो कम्फर्टेबल महसूस करना ही चाहिए।

(3) सामान्य c और a, यहाँ लेखक सामाजिक रूप से और साथ ही घर पर और अपने आराम क्षेत्र (कम्फर्ट ज़ोन) में कम्फर्टेबल महसूस करते हैं।

## अक्षर b और p - मानसिक, शारीरिक क्षमताएँ

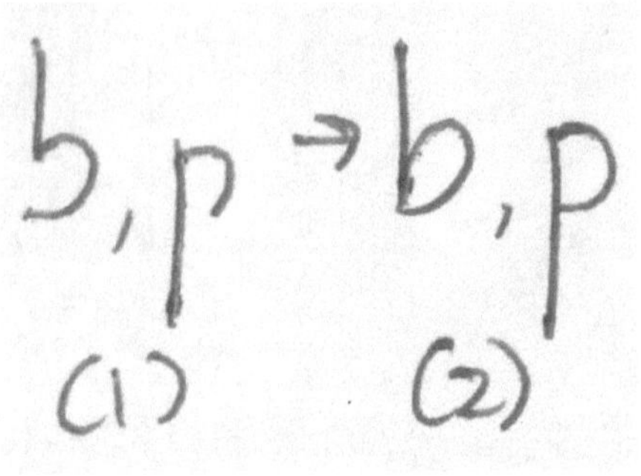


अक्षर ‘b’ लेखक की मानसिक क्षमताओं के बारे में है, जबकि ‘p’ शारीरिक क्षमताओं के बारे में है।

(1) b और p में अंतराल (गैप), लेखक न तो मानसिक रूप से सक्षम है और न ही शारीरिक रूप से। आपको ऐसे कई कॉम्बिनेशन मिल सकते हैं, कुछ p में ऊपर गैप हो सकता है, जबकि कुछ b में नीचे गैप हो सकता है। कोई भी गैप एक नकारात्मक विशेषता है।

(2) सामान्य b एंड p, ये मानसिक तनाव से जल्दी उबर जाते हैं और जरूरत पड़ने पर शारीरिक रूप से भी जल्दी हरकत करते हैं।

अखिलेश भागवत

# कैपिटल

## कैपिटल लेटर्स हमें क्या समझने में मदद करते हैं?

कैपिटल लेटर्स सिर्फ़ शुरुआत की ऊर्जा को दर्शाते हैं, क्योंकि ये केवल शब्द की शुरुआत में ही होते हैं।

छोटे अक्षर कैपिटल अक्षरों से ज़्यादा महत्वपूर्ण होते हैं, लेकिन फिर भी कैपिटल अक्षरों के कुछ नकारात्मक गुण ऐसे होते हैं, जिनसे बचना ज़रूरी है, चाहे वे लिखावट या हस्ताक्षर में बहुत कम ही क्यों न दिखें।

छोटे अक्षरों की तुलना में कैपिटल अक्षरों में कम बनावट (फॉर्मेशन) होती है।

कुछ कैपिटल्स में केवल 1 या 2 फॉर्मेशन होते हैं इसलिए कैपिटल्स के बारे में सीखना उतना कठिन नहीं है।

छोटे अक्षरों की तरह यहाँ भी कोई अतिरिक्त फॉर्मेशन या लूप या क्रॉसओवर अच्छा नहीं है।

अब, कैपिटल लेटर्स की कुछ बनावटें छोटे अक्षरों जैसे C, K, M, N, O, P, S, U, V, W, X, और Z जैसी ही होती हैं, लेकिन इसका मतलब यह नहीं कि छोटे अक्षरों में अच्छी लगने वाली सभी बनावटें बड़े अक्षरों में भी अच्छी होंगी। कुछ अच्छी होती हैं, लेकिन ज्यादातर अच्छी नहीं होतीं।

## मूल बातें

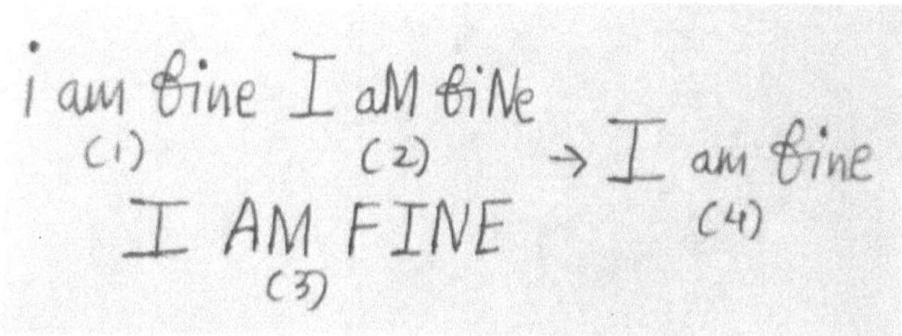


कैपिटल लेटर्स से यह पता चलता है कि लेखक पहल (इनिशिएटिव) करता है या नहीं।

(1) शुरुआत में कोई कैपिटल/बड़ा अक्षर नहीं होने का मतलब है कि लेखक पहल नहीं करता या जल्दी से काम शुरू नहीं करता। (2) बीच में बड़ा अक्षर होने का मतलब है कि लेखक गलत जगह पहल करता है। बहुत सारे प्रोजेक्ट शुरू करके समय बर्बाद करता है। (3) पूरा बड़ा अक्षर होने का मतलब है कि लेखक खुद को दूसरों से बेहतर समझता है, अहंकारी होता है, खुद को बहुत ज़्यादा अहम समझने वाला (नार्सिसिस्टिक) होता है।

(4) कैपिटल केवल शुरुआत में ही मौजूद है, लेखक सही जगह पर पहल करते हैं। वे सिर्फ़ चीज़ों के बारे में सोचते नहीं, बल्कि उनकी शुरुआत कर देते हैं। जिम्मेदारी लेने में माहिर होते हैं, जिससे उन्हें दूसरों का और खुद का नेतृत्व करने में मदद मिलती है।

# कैपिटल A

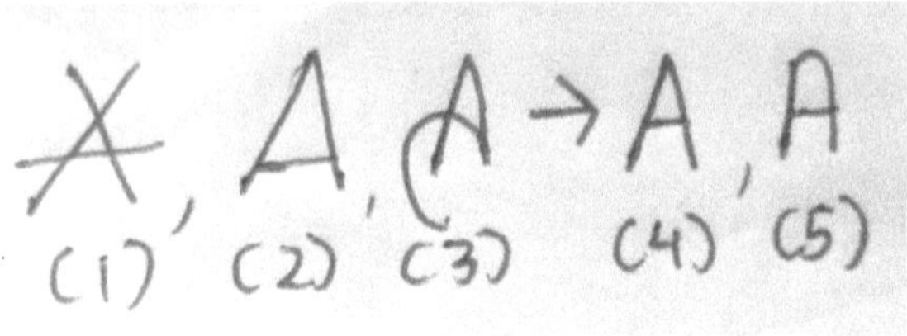

इससे आपको यह समझने में मदद मिलेगी कि लेखक दूसरों को कुछ देते या लेते समय किस तरह की मानसिकता रखता है। इससे यह भी पता चलता है कि कोई लेखक कब कुछ देता है, क्योंकि कुछ लोग तभी देते हैं ज़ब उन्हें कुछ मिलता है, जबकि कुछ लोग पहले देना पसंद करते हैं। 'A' के कई अन्य प्रकार भी होते हैं, जिन्हें आप अमेज़न पर मेरी लिखावट विश्लेषण की पुस्तक में देख सकते हैं (नामः लुक एंड एनालाइस)

(4), और (5) सबसे आम A पाए जाते हैं। (1) क्रॉसओवर 'A', भले ही इन्हें किसी से कुछ मिला हो, फिर भी ये सामने वाले की आलोचना करते हैं। (2) नीचे की बीच वाली बार, जो ये देते हैं, उसके बारे में इन्हें खुद पर कम भरोसा होता है। (3) क्लॉ (पंजे जैसा आकार), अपराध-बोध (गिल्ट) महसूस करना दिखाता है।

(4) ऊपर का हिस्सा नुकीला हो तो लेखक कुछ देते या लेते समय हर बात को सोच-समझकर देखते हैं।

(5) गोल शीर्ष, यहाँ लेखक दूसरों को समझने की कोशिश करता है जब भी वे कुछ प्राप्त करते हैं या कुछ दे रहे होते हैं।

# कैपिटल B

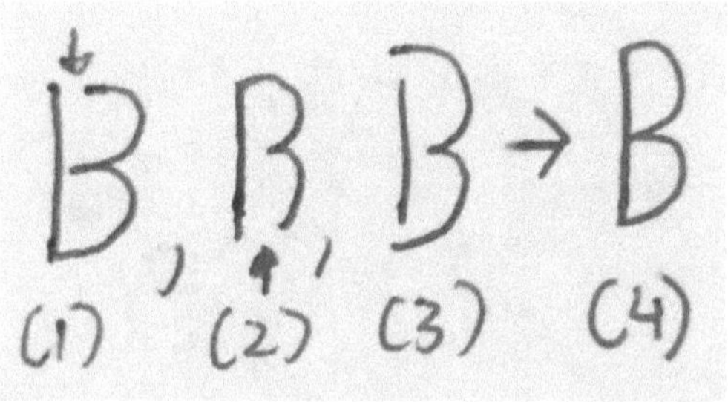


ज़िंदगी में कुछ ऐसी स्थितियाँ होती हैं जहाँ फ़ैसला लेने के लिए पहले सोच, फिर भावना और फिर अंदर की आवाज़ (इंस्टिंक्ट) को जोड़ना पड़ता है। अक्षर B हमें यह जानने में मदद करता है कि लेखक इन तीनों पहलुओं को जोड़ता है या नहीं। रक्तचाप (ब्लड प्रेशर) और कार्य संतुष्टि का भी पता लगाया जा सकता है। (2) नीचे का गैप सबसे आम B है जो आपको लिखावट में मिलेगा। उनके रक्तचाप (ब्लड प्रेशर) में सुधार की ज़रूरत है। वे ज़रूरत से ज़्यादा काम करते हैं और उन चीजों पर भी जो उन्हें परिणाम नहीं दे रही हैं। क्योंकि वे कोई भी काम शुरू करने का फैसला लेते समय अंदर की आवाज़ (इंस्टिंक्ट) पर ध्यान नहीं देते।

(4) यहाँ तीनों बिंदु जुड़े होते हैं। जब ऐसे निर्णय लेने होते हैं जिनमें सोच, भावना और इंस्टिंक्ट की ज़रूरत होती है, तो ये लोग पहले सोचते हैं, फिर यह देखते हैं कि उन्हें कैसा महसूस हो रहा है, और अंत में अपनी अंदर की आवाज़ सुनते हैं कि फ़ैसला सही है या नहीं। ये लोग काम को अच्छे तरीके से करते हैं और इनका ब्लड प्रेशर भी संतुलित रहता है।

## कैपिटल C

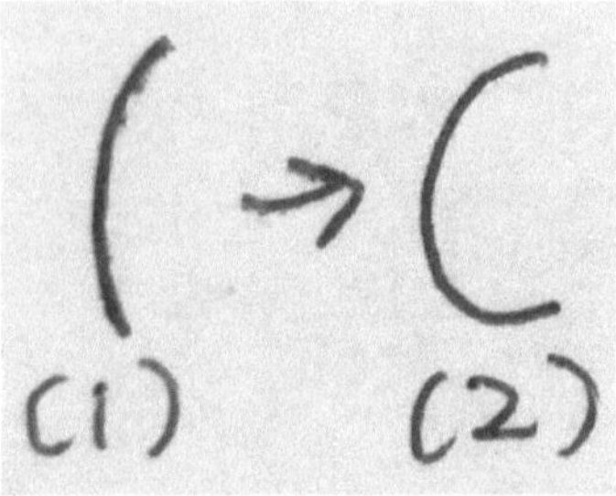


अक्षर C यह बताता है कि लेखक शुरुआत में कितना कम्फर्टेबल महसूस करता है।

कुछ लेखकों को शुरू में तो कम्फर्टेबल या अनकम्फर्टेबल महसूस हो सकता है, लेकिन बाद में उन्हें विपरीत महसूस हो सकता है, इसलिए छोटे अक्षर c की भी जांच करना महत्वपूर्ण है।

(1) यहाँ के लेखक शुरुआत में बहुत अनकम्फर्टेबल महसूस करते हैं, उनका सामाजिक आत्मविश्वास कम होता है। वे अपनी तुलना दूसरों से करते हैं। अपने रूप-रंग और पहनावे को लेकर अनकम्फर्टेबल महसूस करते हैं।

(2) सामान्य 'C', शुरुआत में ही ये लोग सामाजिक रूप से कम्फर्टेबल महसूस करते हैं, अपने कम्फर्ट ज़ोन के बाहर भी। इनमें अच्छा सामाजिक आत्मविश्वास होता है और ये खुद की तुलना दूसरों से नहीं करते।

# कैपिटल D

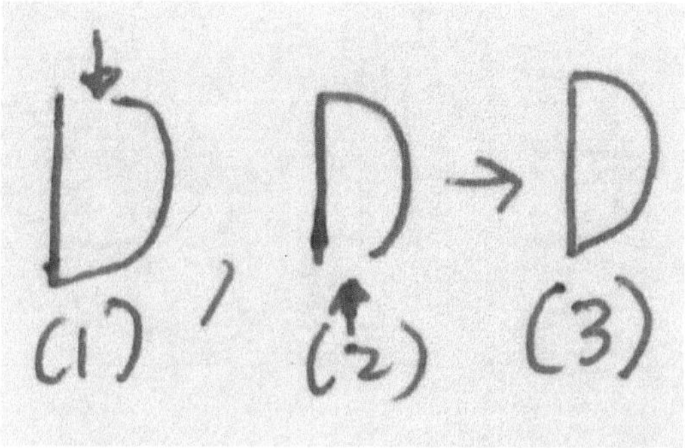


कुछ स्थितियों या निर्णयों में भावनात्मक जुड़ाव की आवश्यकता नहीं होती, क्योंकि हम अंदर की आवाज़ (इंस्टिंक्ट) और विचारों पर अधिक ध्यान केंद्रित करते हैं।

अक्षर D आपको यह जानने में मदद करता है कि कोई लेखक विचारों को इंस्टिंक्ट से जोड़ता है या नहीं।

D' के और भी कई प्रकार होते हैं, कुछ में लूप भी होता है। लेकिन यहाँ हम सबसे आम 'D' को देखेंगे।

(1) ऊपरी गैप, विचारों को इंस्टिंक्ट से जोड़ने में असमर्थ,

(2) निचला गैप, इंस्टिंक्ट को विचारों से जोड़ने में असमर्थ।

(3) अगर लूप ऊपर से नीचे की ओर बनाया जाता है, तो लेखक पहले सोचता है और फिर उसे इंस्टिंक्ट से जोड़ता है। अगर लूप या आधा गोल नीचे से ऊपर की ओर बनाया जाता है, तो लेखक पहले अपनी अंदर की आवाज़ (इंस्टिंक्ट) पर ध्यान देता है और फिर उसे सोच से जोड़ता है।

# कैपिटल E

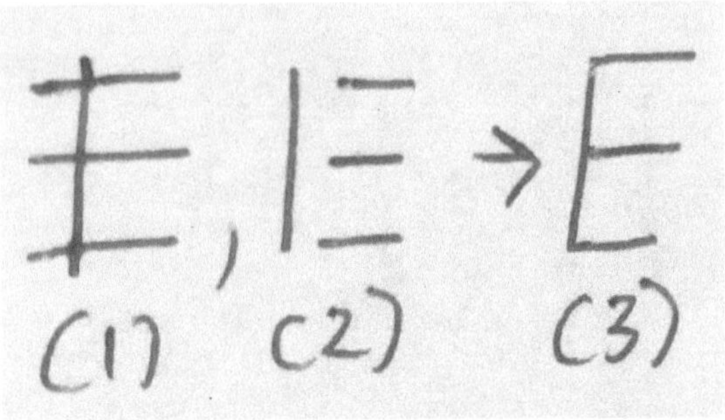


अक्षर 'E' विचारों, भावनाओं और अंदर की आवाज़ (इंस्टिंक्ट) को व्यक्त करने से जुड़ा होता है। कुछ लेखक तीनों को बराबर व्यक्त करते हैं, जबकि कुछ एक या दो पहलुओं को ज्यादा व्यक्त करते हैं।

(1) क्रॉसओवर E, वे अपने विचारों, भावनाओं और अंदर की आवाज़ (इंस्टिंक्ट) के साथ बहस कर रहे हैं।

(2) गैप, व्यक्ति अपने विचारों, भावनाओं और इंस्टिंक्ट को ठीक से समझ नहीं पाता, इसलिए उन्हें सही तरीके से व्यक्त भी नहीं कर पाता।

(3) समान E, इस तरह लिखने वाला लेखक अपने विचारों, भावनाओं और इंस्टिंक्ट को समान रूप से व्यक्त करता है। E के कुछ और प्रकार भी हैं, लेकिन यह सबसे सरल और सामान्य है।

## कैपिटल F

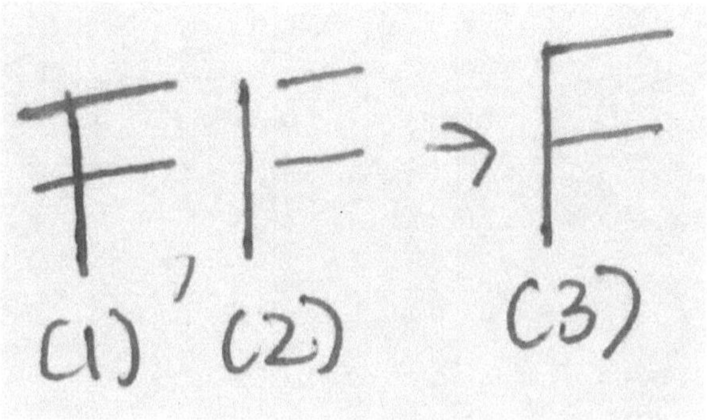


अक्षर F, कुछ स्थितियाँ ऐसी होती हैं जहाँ हमें केवल विचारों और भावनाओं को व्यक्त करने की आवश्यकता होती है, अक्षर F हमें यह जानने में मदद करता है कि लेखक उस समय दोनों को व्यक्त करता है या नहीं।

अक्षर 'F', अक्षर 'E' जैसा ही होता है। फर्क सिर्फ़ इतना है कि इसमें तीसरी बार नहीं होती, जो इंस्टिंक्ट को दर्शाती है।

(1) क्रॉसओवर F, खुद को व्यक्त करने के बजाय, वे अपने विचारों और भावनाओं के साथ बहस करते हैं।

(2) गैप, वे अपनी भावनाओं के साथ-साथ विचारों को भी समझने में काबिल नहीं हैं।

(3) समान बार F, लेखक भावनाओं और विचारों दोनों को समान रूप से व्यक्त करता है।

## कैपिटल G

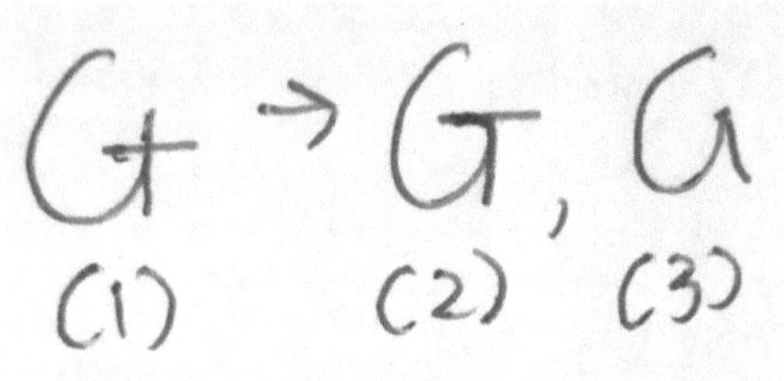


अक्षर G आपको यह जानने में मदद करता है कि कोई व्यक्ति चीजें कैसे खरीदता है या सामाजिक रूप से कैसे कार्य करता है।

कुछ लेखकों के पास शुरू में ही लक्ष्य होते हैं कि वे क्या करने जा रहे हैं।

अक्षर G के कई नकारात्मक प्रकार नहीं होते (1) क्रॉसओवर G, यहाँ लेखक इस बात को लेकर उलझन (कन्फ्यूज़) में है कि उसे क्या खरीदना है या क्या करना है। उसका कोई साफ लक्ष्य नहीं है।

(2) C+T, उनके मन में हमेशा एक लक्ष्य होता है या वे जानते हैं कि वे क्या खरीदना या करना चाहते हैं।

(3) एंगल, लेखक बिना किसी लक्ष्य के चीज़ें खरीदते हैं या काम करते हैं, यानी सब कुछ रैंडम होता है।

# कैपिटल H

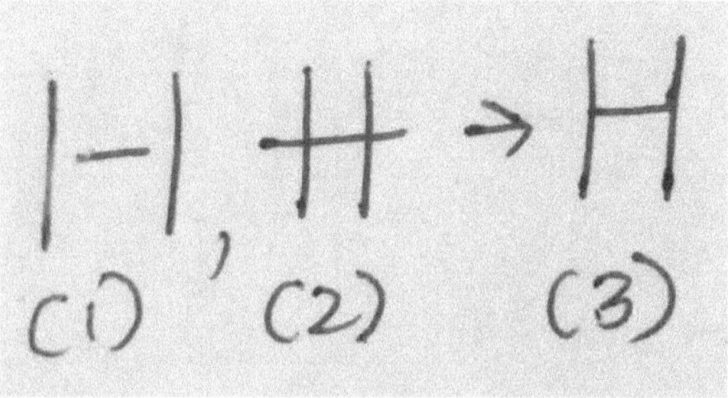


अक्षर H आपको यह जानने में मदद करता है कि लेखक दूसरे लोगों, प्रोजेक्ट्स और विचारों से कैसे जुड़ता है। बाईं ओर की रेखा लेखक को दर्शाती (रिप्रेजेंट) है, जबकि दाईं ओर की रेखा किसी दूसरे व्यक्ति, विचार या परियोजना को दर्शाती है। बीच की रेखा लेखक और उस व्यक्ति, विचार या परियोजना के बीच के रिश्ते या जुड़ाव को दर्शाती है।

(1) गैप, क्योंकि यहाँ रेखा बीच में है, लेखक किसी अन्य व्यक्ति के साथ भावनात्मक रूप से जुड़ने में असमर्थ है। (2) क्रॉसओवर, लेखक तब संघर्ष में पड़ जाते हैं जब वे भावनात्मक रूप से अन्य लोगों और विचारों के साथ जुड़ने की कोशिश करते हैं।

ऐसे लेखक भावनाओं के आधार पर जुड़ते हैं। बीच की रेखा की स्थिति यह समझने में मदद करती है कि लेखक दूसरों से किस तरह जुड़ता है। जैसे बातचीत (कम्युनिकेशन), भावनाएँ, यौन आकर्षण आदि।

इसके बारे में सीखने के लिए मेरा हैंडराइटिंग कोर्स या किताब लें।

# कैपिटल I

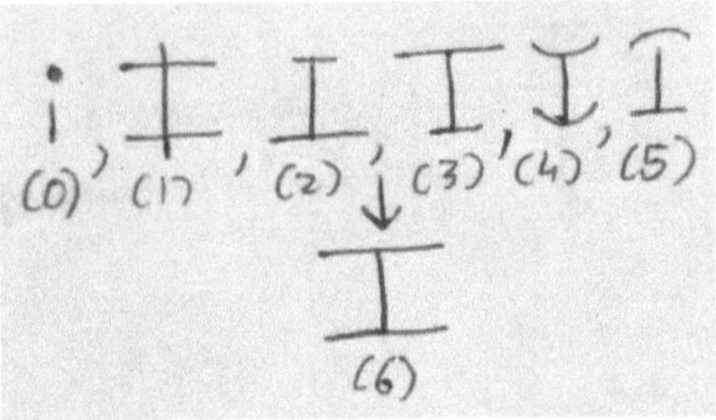


अक्षर 'I' लेखक को अपने माता-पिता के साथ रिश्ते बेहतर करने में मदद करता है। 'I' के और भी कई प्रकार होते हैं, लेकिन यहाँ वे प्रकार बताए गए हैं जो ज़्यादातर लिखावट में आम तौर पर पाए जाते हैं। (0) जब कैपिटल 'I' को छोटे 'i' की तरह लिखा जाता है, तो यह दिखाता है कि लेखक खुद को लेकर असुरक्षित महसूस करता है। (1), (2) और (3) सबसे आम नकारात्मक लक्षण हैं। (1) क्रॉसओवर होने पर लेखक के अपने माता-पिता के साथ टकराव या मतभेद हो सकते हैं, जो किसी पुराने या वर्तमान अनुभव की वजह से हो सकते हैं। (2) और (3) अगर बार असमान हो, तो इसका मतलब है कि माता-पिता या गार्जियन में से किसी एक का साथ कम मिला है।

(6) दोनों पंक्तियों का आकार बराबर होने से, लेखक को अपने माता-पिता या दोनों व्यक्तियों, जिन्हें वह माता और पिता के रूप में देखता है, का समान प्रभाव और समर्थन प्राप्त है। उनके अपने माता-पिता के साथ अच्छे संबंध हैं। सिर्फ़ एक सीधी रेखा 'l' यह दिखाती है कि लेखक स्वतंत्र व्यक्ति है और उसे माता-पिता के सहारे की ज़्यादा ज़रूरत महसूस नहीं हुई।

# कैपिटल J

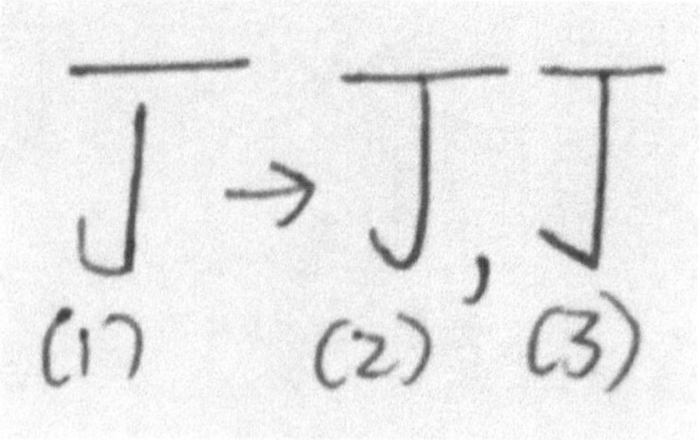


कैपिटल 'J' से यह पता चलता है कि लेखक कितनी तेज सोचता है और इंस्टिंक्ट (अंदर की आवाज़) से कितनी जल्दी प्रतिक्रिया देता है। यह सोच को तुरंत समझ कर उसे स्वाभाविक (इंट्यूटिव) एक्शन में बदलने से जुड़ा होता है।

(1) गैप, व्यक्ति अपनी सोच को इंस्टिंक्ट से जोड़ नहीं पाता। कई बार वह वैसा रिएक्ट कर देता है, जैसा उसकी सोच उसे नहीं बता रही होती।

(2) नीचे का हिस्सा गोल, लेखक पहले अतीत और भविष्य के बारे में सोचता है, और फिर वर्तमान में इंस्टिंक्टिवली रिएक्ट (प्रतिक्रिया) करता है।

(3) नीचे का हिस्सा नुकीला होने पर लेखक वही तरीका अपनाते हैं, पर उनकी प्रतिक्रिया तेज होती है।

सामान्य "J", यहाँ लेखक, बस यही सोचता है कि अब वे क्या कर सकते हैं और इंस्टिंक्टिवली रिएक्ट (प्रतिक्रिया) करता है।

## कैपिटल K

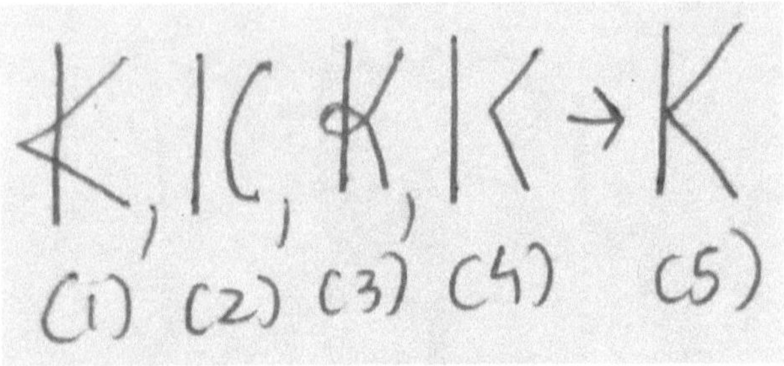


अक्षर 'K' यह जानने में मदद करता है कि लेखक चीजें अलग तरीके से कैसे करना चाहता है और उन्हें दूसरों के सामने कैसे पेश करता है।

(1) यहाँ लेखक ज्यादा उतावला (डेस्परेट) होकर व्यवहार करता है और दूसरों को यह समझाने की कोशिश करता है कि उसने चीज़ें उनके लिए कैसे अलग की हैं। (2) और (4) में गैप होने पर दूसरे लोग लेखक के काम से जुड़ या उसे समझ नहीं पाते। (3) नॉट (गांठ) होने पर दूसरे लोग इस बात को लेकर कन्फ्यूज़ हो जाते हैं कि लेखक असल में करना क्या चाहता है।

(5) ये लेखक चाहते हैं कि सामने वाला व्यक्ति भावनात्मक (इमोशनली) रूप से उनसे जुड़ सके। वे एक रोमांटिक डिनर का आयोजन कर सकते हैं, अपने दोस्तों से अचानक मिलने जा सकते हैं, शादी का वीडियो चला सकते हैं, और कुछ ऐसा करने की कोशिश कर सकते हैं जिससे पुरानी यादें, भावनाएँ वगैरह पैदा हो सके।

# कैपिटल L

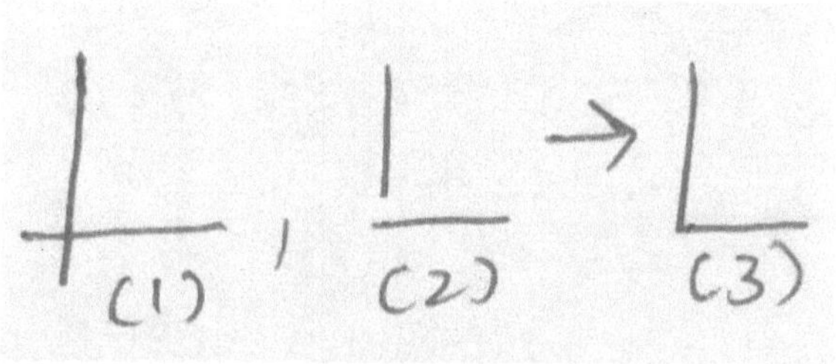


इससे यह पता चलता है कि किसी स्थिति के आने पर लेखक अपनी अंदर की भावना या इंस्टिंक्ट को कैसे व्यक्त करता है।

अब अक्षर L के बहुत कम प्रकार हैं।

(1) क्रॉसओवर होने पर लेखक अपनी इंस्टिंक्ट को ऐसे व्यक्त करता है, जिससे बहस या टकराव हो सकता है। (2) यहाँ लेखक जो व्यक्त करता है, वह पूरी तरह उसकी इंस्टिंक्ट से जुड़ा नहीं होता।

(3) सीधे (स्ट्रेट फॉरवर्ड) लोग जो अपनी अंदर की भावना या इंस्टिंक्ट को सीधे व्यक्त करते हैं। इसलिए अगर उन्हें आभास होता है कि कुछ गलत है या सही भी है, तो वे उसे सीधे व्यक्त कर देते हैं।

कर्वी या स्टाइलिश 'L' का भी सुझाव दिया जा सकता है, अपनी अंदर की भावना या इंस्टिंक्ट को व्यक्त करते वक्त लेखक यहाँ बहुत सीधे या कठोर होने के बजाय शांत और सौम्य हैं।

# कैपिटल M

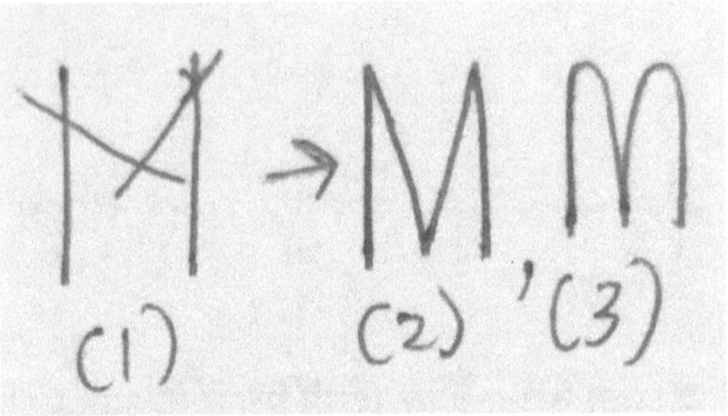


अक्षर M, दीर्घकालिक (लॉन्ग-टर्म) आदत बनाने के लिए प्रारंभिक ऊर्जा का प्रतिनिधित्व (रिप्रेजेंट) करता है।

कुछ लेखक शीघ्रता से निर्णय ले लेते हैं, जबकि कुछ को यह निर्णय लेने में समय लगता है कि कौन सी दीर्घकालिक (लॉन्ग-टर्म) आदत बनानी है।

(1) क्रॉसओवर, वे उलझन में रहते हैं क्योंकि निर्णय नहीं ले पाते। इसलिए बार-बार खुद से पूछते रहते हैं, मुझे यह आदत क्यों शुरू करनी चाहिए?

(2) पॉइंटेड M, जब कोई आदत बनानी हो, तो वे थोड़ा सोचते हैं और उस पर अमल करते हैं। तुरंत निर्णय लेते हैं।

(3) गोल M, ये लेखक आदत निर्माण शुरू करने या आदत का चयन करने से पहले बहुत सोचते हैं।

# कैपिटल N

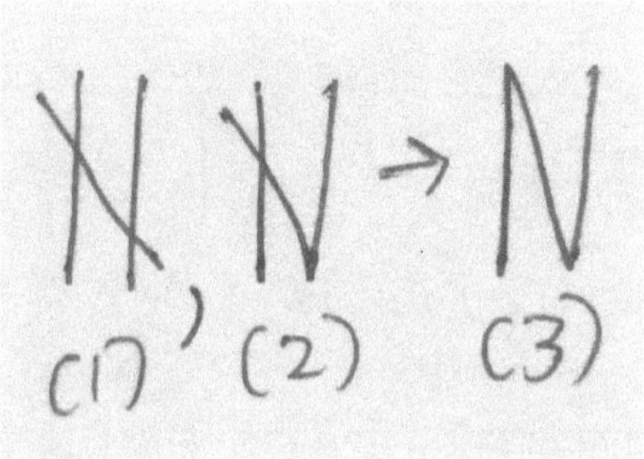

अक्षर N उन कामों के लिए शुरुआती ऊर्जा दिखाता है जो थोड़े समय के लिए होते हैं या जिन्हें हम रोज नहीं करते।

(1) क्रॉसओवर, जागरूकता में टकराव होता है, इसलिए लेखक को यह स्पष्ट नहीं होता कि कुछ शॉर्ट-टर्म काम क्यों शुरू करना चाहिए। (2) 1 क्रॉसओवर, निर्णय लेने में कठिनाई होती है। लेखक खुद से और दूसरों से बार-बार बहस करता है कि कौन-सा शॉर्ट-टर्म काम करना चाहिए।

(3) वे छुट्टियों के स्थान, किराने की सूची और ऐसी अन्य चीज़ों पर जल्दी निर्णय ले लेते हैं, जो शॉर्ट-टर्म गतिविधियाँ होती हैं या जिन्हें हम कभी-कभार करते हैं।

# कैपिटल O

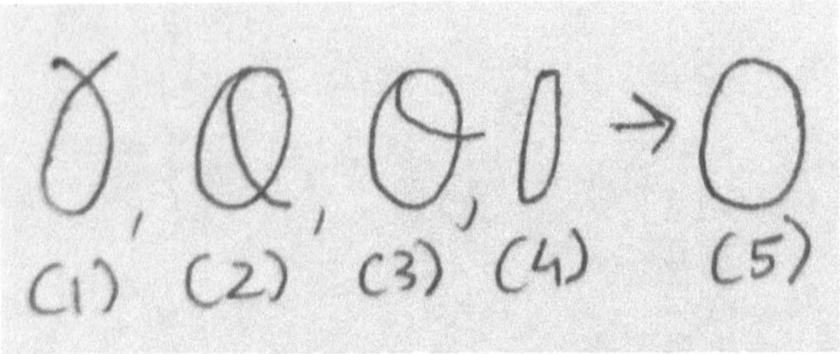


अक्षर O आपको यह जानने में मदद करता है कि किसी कार्य या स्थिति के पूरा होने के बाद लेखक कैसा महसूस करता है।

(1) क्रॉसओवर, यह O कई लिखावटों में पाया जाने वाला सबसे आम O है। क्रॉसओवर के कारण, ये लेखक किसी काम या विचार को पूरा करने के बाद खुद से सवाल करते रहते हैं।

(5) साफ़ O, किसी खास काम को पूरा करने के बाद, ये लेखक एक तरह से सुकून महसूस करते हैं, बजाय इसके कि वे किसी दूसरे काम में लग जाएँ। काम पूरा करते हुए भी, वे अगले काम के बारे में नहीं सोचते।

# कैपिटल P

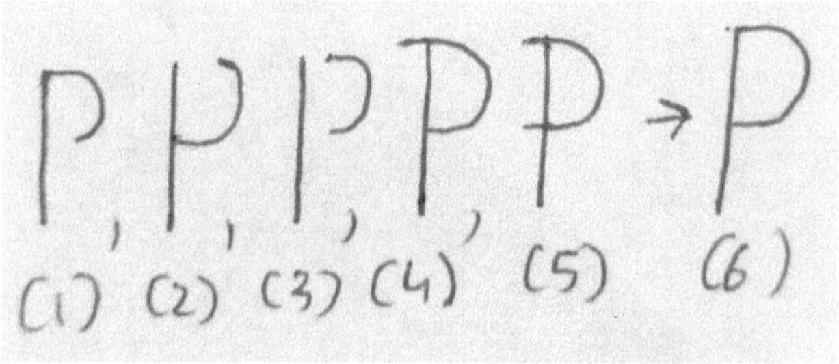

अक्षर P उन स्थितियों और निर्णयों को शुरू करने की ऊर्जा को दर्शाता है, जहाँ सोच और भावनाओं, दोनों का संतुलन जरूरी होता है।

(1), (2) और (3) में दिखाया गया कोई भी गैप अच्छा गुण नहीं माना जाता। यह दर्शाता है कि लेखक विचारों को भावनाओं से, भावनाओं को विचारों से, या दोनों को आपस में जोड़ पाने में असमर्थ है। (4) और (5) अतिरिक्त शुरुआत या अतिरिक्त अंत यह दिखाता है कि लेखक अपने विचारों या भावनाओं को लेकर असमंजस (कन्फ्यूजन) में है।

(6) स्पष्ट P, वे विचारों और भावनाओं के आधार पर निर्णय लेते हैं। यही कारण है कि वे लॉजिकल्ली और भावनात्मक रूप से संतुष्ट महसूस करते हैं।

# कैपिटल Q

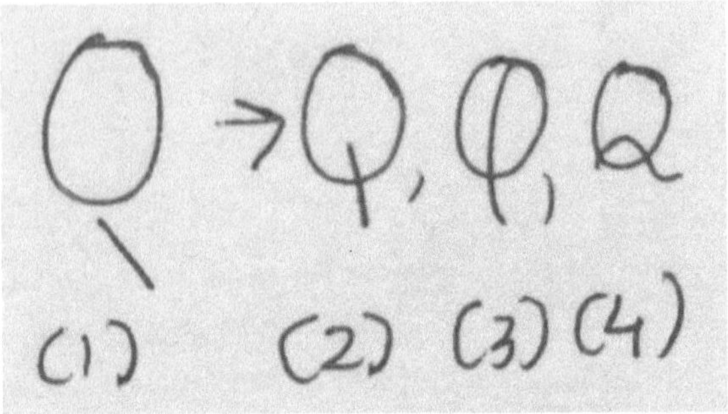


अक्षर Q आपको यह जानने में मदद करता है कि एक लेखक किसी विचार, स्थिति या भाषण के पूरा होने के बाद किस प्रकार के प्रश्न (क्वेश्चन) पूछता है।

(1) गैप, यहाँ लेखक ऐसे प्रश्न पूछ सकते हैं जो स्थिति से संबंधित नहीं हैं। बहुत दुर्लभ विशेषता।

(2) यहाँ लेखक पहले से तैयार प्रश्नों के बजाय रैंडम प्रश्न पूछना पसंद करते हैं।

(3) ये लेखक अच्छी तरह से तैयार हैं, इसलिए उनके पास उन प्रश्नों की एक सूची है जो वे पूछना चाहते हैं।

(4) रचनात्मक ढंग से रैंडम प्रश्न पूछते हैं।

## कैपिटल R

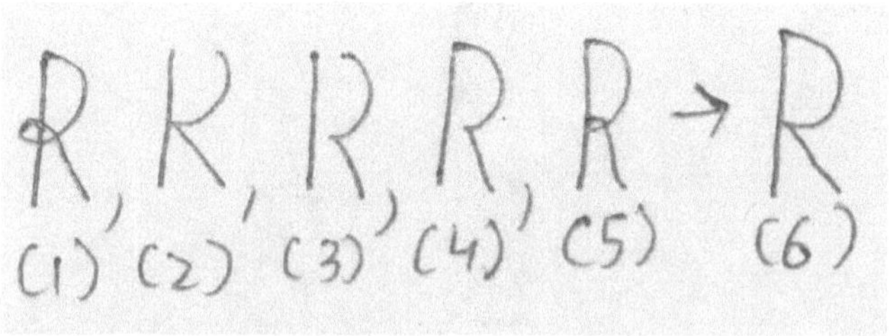

अक्षर R भविष्य के लिए इंस्टिंक्ट के साथ किसी बात को याद रखने की क्षमता को दर्शाता है।

अन्य अक्षरों की तरह यहाँ भी कोई गैप, लूप या क्रॉसओवर अच्छा नहीं है।

(6) वे बार-बार वही गलती नहीं दोहराते। उनकी इंस्टिंक्ट (अंदर की आवाज़) याद रखती है कि उन्होंने लॉजिकल रूप से क्या सोचा था और कुछ सीखते, करते या खरीदते समय उन्हें भावनात्मक रूप से कैसा महसूस हुआ था। अगली बार जब वे कुछ खरीदते, सीखते या करते हैं, तो उनकी अंदर की आवाज़ उन्हें ऐसा न करने के लिए कहती है, अगर अतीत में वे लॉजिकल और भावनात्मक रूप से संतुष्ट नहीं थे।

# कैपिटल S

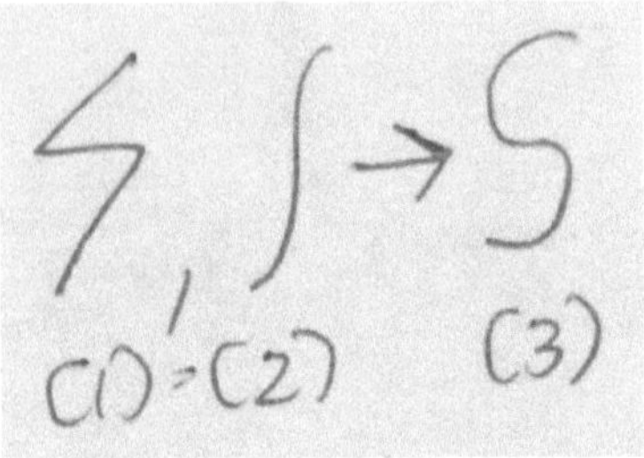


अक्षर 'S' यह दर्शाता है कि समय लेने वाले कार्य को शुरू करने से पहले लेखक का दृष्टिकोण (एटीट्यूड) कैसा होता है।

(1) कोण S, लेखक बहुत विश्लेषणात्मक (एनालिटिकल) है, इसलिए वह सोचता रहता है, "क्या मुझे यह यात्रा शुरू करनी चाहिए, इसमें कितना समय लगेगा?" (2) कर्व S, यहाँ लेखक बहुत बेसब्र (इम्पेशेंट) है। वह यात्रा को जल्द से जल्द शुरू और खत्म करने के बारे में सोचता है।

(3) स्मूथ S: ये लेखक जानते हैं कि कुछ सफ़र और प्रोजेक्ट समय लेते हैं, फिर भी वे उन्हें बिना देर किए शुरू करते हैं। इनका एटीट्यूड धैर्यपूर्ण होता है और ये पूरी प्रक्रिया का आनंद लेते हैं।

कुछ लेखक S को लूप के साथ भी लिखते हैं। यह भी एक अच्छा गुण माना जाता है। फिर भी अधिकतर लिखावट में स्मूथ S पाया जाता है, क्योंकि इसे लिखना आसान होता है।

## कैपिटल T

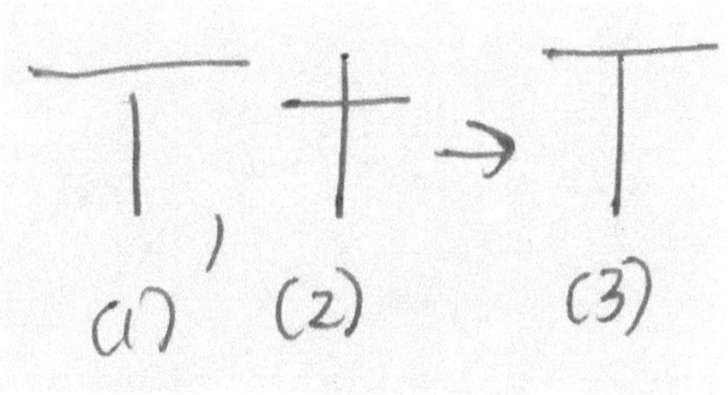


कैपिटल T से पता चलता है कि लेखक ऐसा काम शुरू करता है जो हकीकत में मुमकिन होता है या ऐसा जो मुमकिन नहीं होता।

जैसा कि हमने पहले भी सीखा है, कोई भी गैप या क्रॉसओवर किसी भी कैपिटल लेटर में अच्छा नहीं होता है।

(1) गैप, ये लेखक सपनों में रहने वाले होते हैं। ऐसे काम शुरू करते हैं जो हकीकत से दूर होते हैं और उन्हें पूरा करने के लिए कोई ठोस कदम नहीं उठाते। (2) क्रॉसओवर, ये लेखक अपनी क्षमता को ठीक से नहीं समझ पाते। आत्म-संदेह (सेल्फ-डाउट) की वजह से किसी काम की सही शुरुआत ही नहीं कर पाते।

(3) नॉर्मल T, ये लेखक रियलिस्टिक प्रोजेक्ट शुरू करते हैं। इन्हें करते समय पूरा प्रयास लगाते हैं, क्योंकि इन्हें खुद पर विश्वास होता है। ये अपनी क्षमता को समझते हैं, इसी कारण ये हकीकत में मुमकिन प्रोजेक्ट शुरू कर पाते हैं।

# कैपिटल U

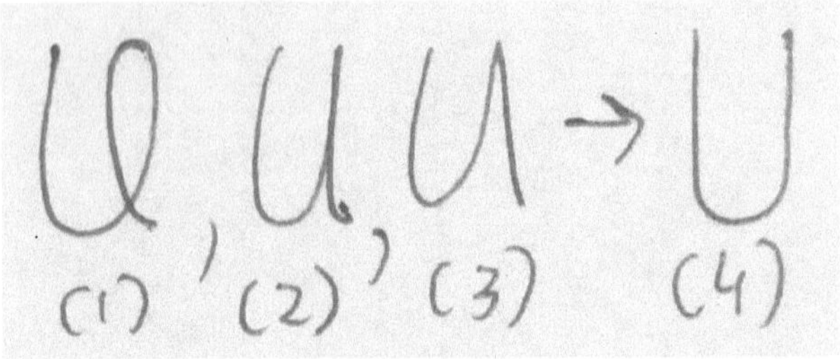


अक्षर U यह जानने में मदद करता है कि क्या लेखक वह करता है जो उसकी अंदर की आवाज़ उसे करने को कहती है।

(1) लूप, ये लेखक अचानक आने वाले इंट्यूटिव आइडियाज़ (अंदर की आवाज़) पर कार्रवाई नहीं करते, क्योंकि वे उलझन में पड़ जाते हैं। (2) ये लेखक इंट्यूटिव आइडियाज़ (अंदर की आवाज़) पर काम तो करते हैं, लेकिन धीरे-धीरे। जल्दी कदम न उठाने के कारण वे अपने विचार को पूरी तरह व्यक्त नहीं कर पाते। (3) लेखक इंट्यूटिव आइडियाज़ (अंदर की आवाज़) पर जल्दी कार्रवाई करता है, लेकिन उन पर ज्यादा सोचता भी है। इसी कारण कई बार वह उन्हें पूरी तरह व्यक्त नहीं कर पाता।

(4) कुछ नया रचते, करते या सीखते समय, ये लेखक अचानक आए इंट्यूटिव आइडियाज़ (अंदर की आवाज़) पर तुरंत कार्रवाई करते हैं।

# कैपिटल V

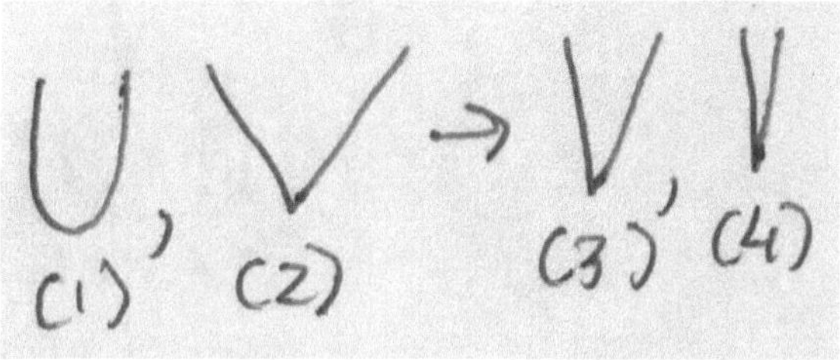


अक्षर V यह जानने में मदद करता है कि जब लेखक कुछ नया करना चाहता है, तो क्या वह तुरंत बदलाव कर पाता है या नहीं। (1) V को U की तरह लिखा गया, ऐसे लेखक तुरंत बदलाव करने में समय लेते हैं, जो कुछ नया रचने या सीखने के समय जरूरी होते हैं। (2) वाइड V, ये लेखक तुरंत बदलाव तो कर लेते हैं, लेकिन कई बार ऐसे बदलाव भी कर देते हैं जिनकी ज़रूरत नहीं होती।

(3) सामान्य V, जब जरूरत होती है, तब ये लेखक तुरंत बदलाव कर पाते हैं, क्योंकि यहाँ एक नुकीला कोण मौजूद होता है।

4) नैरो V, ये लेखक बदलाव बेहतर तरीके से करते हैं, क्योंकि ये गहराई से सोचने वाले होते हैं। ये बिना सोचे-समझे बदलाव नहीं करते, बल्कि जो सच में जरूरी होता है, उसी के अनुसार बदलाव करते हैं।

# कैपिटल W

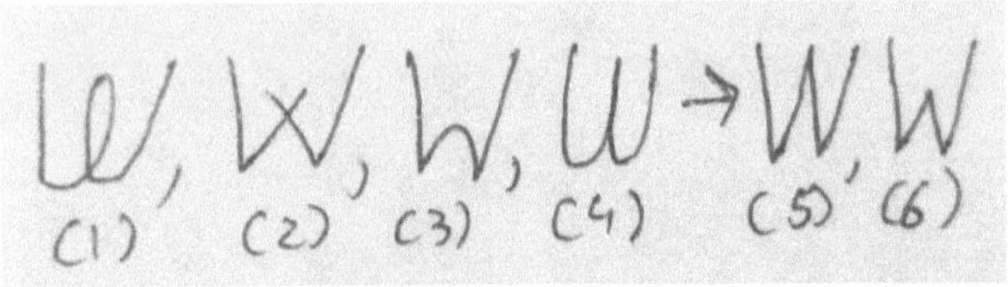


कैपिटल W आपको यह जानने में मदद करता है कि कोई लेखक कुछ नया सीखते समय किस प्रकार के स्रोत या शिक्षक का चयन करता है।

(1), (2) में एक आंतरिक लूप, क्रॉसओवर है, इसलिए यह एक नकारात्मक लक्षण है। (3) उन्हें यह स्पष्ट नहीं होता कि क्या सीखना है और वे सीखने के स्रोत (सोर्स) खोजने में असमर्थ होते हैं। (4) वे कोर्सेज़ में जल्दी एनरोल कर लेते हैं, और किताबें लापरवाही से खरीद लेते हैं क्योंकि वे यह तय करने में लापरवाही बरतते हैं कि क्या सीखना है और किससे सीखना है। प्रभावी ढंग से सीखने में असमर्थ।

(5) ये लेखक अपने शिक्षण स्रोत या शिक्षक को खोजते समय बहुत विश्लेषणात्मक (एनालिटिकल) होते हैं।

(6) यहाँ लेखक सोच-समझकर विश्लेषण करने वाले होते हैं और वे शिक्षक से जुड़ना तथा भावनात्मक संबंध महसूस करना चाहते हैं।

# कैपिटल X

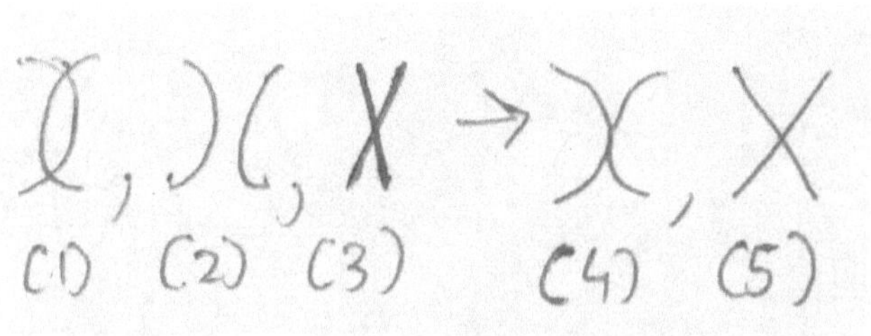


X से यह समझ में आता है कि लेखक कुछ नया शुरू करने से पहले कितना सोच-विचार करता है। यह सबसे दुर्लभ बड़े अक्षरों में से एक है।

(1) वे शोध और सवाल ज़रूरत से ज़्यादा करते हैं, और उनके मन में कई सवाल होते हैं। (2) क्या करना है, इस बारे में स्पष्टता की कमी, यहाँ लेखकों के पास या तो बहुत सारे सवाल होते हैं या कोई सवाल ही नहीं होता। (3) डार्क X, वे आक्रामक तरीके से सवाल पूछते हैं। टेम्पर (गुस्सा) अतीत और भविष्य, दोनों के बारे में है।

(4) कर्व X, यहाँ लेखक सवालों में उलझने के बजाय पहले जाँच-पड़ताल करता है कि जो वह शुरू करने जा रहा है, वह सही है या नहीं। पहले पुष्टि करता है, फिर काम शुरू करता है।

(5) कोण X, कुछ शुरू करने से पहले ये सवाल या विश्लेषण तो करते हैं, लेकिन जल्दी में बिना पुष्टि किए ही शुरू कर देते हैं।

# कैपिटल Y

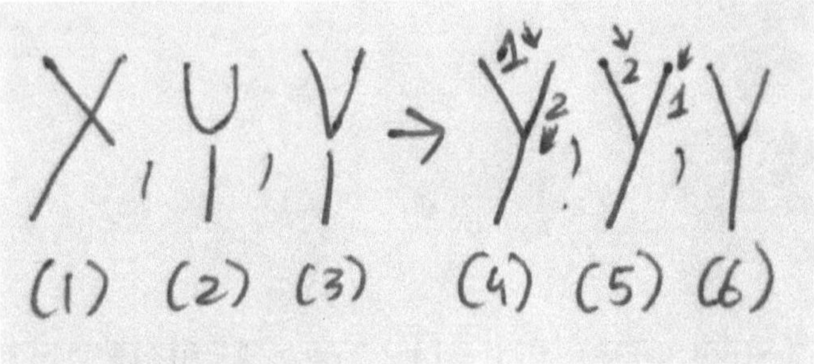


अक्षर X का मतलब प्रोजेक्ट चुनने से पहले प्रश्न पूछना था। अक्षर Y का मतलब प्रोजेक्ट चुनने के बाद प्रश्न पूछना हैं।

(1) क्रॉसओवर, ये लेखक खुद से और दूसरों से बहस में रहते हैं और मन में उलझन बनी रहती है। (2) (3), ये ऐसे सवाल पूछते हैं जो असंबंधित होते हैं और जिस चीज़ को उन्होंने चुना है, उससे जुड़े नहीं होते।

(4) जब वे कोई काम शुरू करते हैं, तो सोचते हैं कि मुझे यह करना ही है, लेकिन क्या यह सही है?

(5) इन लेखकों में आत्मविश्वास होता है, इसलिए वे ज़रूरी सवाल पूछते हैं और फिर काम शुरू करते हैं।

(6) ये लेखक ज़्यादा फोकस्ड होते हैं, इसलिए सीधे काम शुरू कर देते हैं। किसी चीज़ को चुन लेने के बाद वे खुद से बार-बार सवाल नहीं करते।

# कैपिटल Z

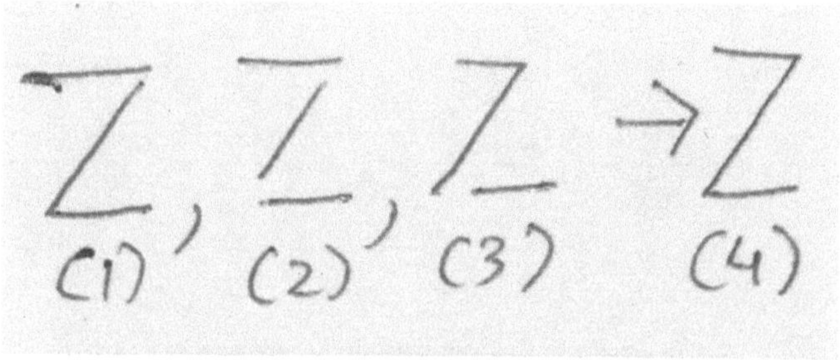

अक्षर Z यह दिखाता है कि कोई काम करने से पहले लेखक अपनी अंदर की आवाज़ की सलाह सुनता है या उसे नजरअंदाज करता है। बहुत दुर्लभ अक्षर ।

(1) ये लेखक हकीकत से दूर काम शुरू करने के बारे में सोचते हैं। उनकी अंदर की आवाज़ बताती है कि यह सही नहीं है, फिर भी वे उसे शुरू कर देते हैं। (2) ये लेखक अपनी अंदर की आवाज़ और सोच को नहीं सुनते, बल्कि बिना ज्यादा ध्यान दिए ऐसे ही काम शुरू कर देते हैं। (3) यहाँ लेखक केवल सोच को ही ज्यादा महत्व देता है, अंदर की आवाज़ को नहीं।

(4) ये वे लेखक हैं जो किसी कार्य को शुरू करने के बारे में सोचते हैं, फिर अपनी अंदर की आवाज़ पर ध्यान केंद्रित करते हैं कि यह सही है या नहीं और फिर वे उस कार्य को शुरू करते हैं।

# गेस्टाल्ट अवधारणाएँ

## लिखावट के पैटर्न में बदलाव करना

अक्षरों या विशेषता विधि में हमने अक्षरों के खास आकार देखे थे। यहाँ हम पूरी लिखावट के पैटर्न को देखते हैं।

अक्षर-गुण विधि में आपको सभी अलग-अलग अक्षर पैटर्न और उनसे जुड़े सकारात्मक व नकारात्मक गुण सीखने होते हैं।

यहाँ आपको केवल लिखावट के पैटर्न पर ध्यान देना होता है, जो अक्षर-गुण विधि की तुलना में ज़्यादा आसान है।

ये लिखावट पैटर्न हैं आकार, झुकाव/दिशा, बेसलाइन, दबाव, मार्जिन, ज़ोन्स, स्पेसिंग, गति, आदि।

यहाँ नकारात्मक गुणों को ढूंढना और सही परिवर्तन सुझाना आसान है।

# स्लांट - भावनात्मक स्थिरता

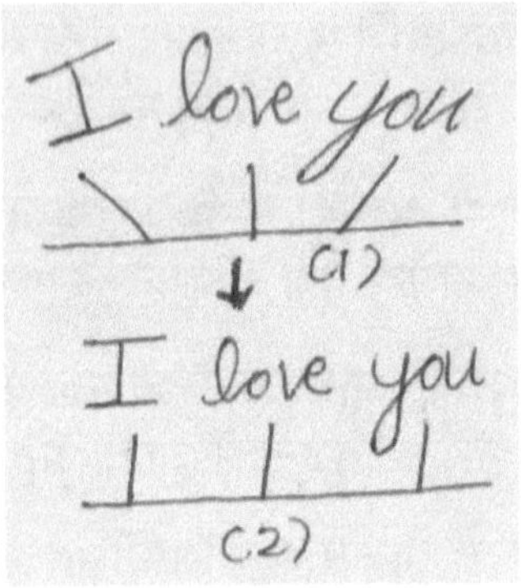


स्लांट यह बताता है कि लेखक भावुक है, लॉजिकल है या अपनी भावनाओं को छुपाता है। दाहिनी लिखावट भावुक स्वभाव दिखाती है, जबकि बाईं लिखावट भावनाओं को छुपाने की आदत दिखाती है। सीधी लिखावट वाले लेखक लॉजिकल होते हैं और जानते हैं कि अपनी भावनाओं को कब व्यक्त करना है। (1) पूरी लिखावट में अगर झुकाव असमान हो (बाएँ, सीधे और दाएँ तीनों), तो यह भावनाओं और लॉजिक में अस्थिरता दिखाता है। ऐसे लोगों को भावनात्मक स्थिरता की ज़्यादा ज़रूरत होती है, क्योंकि उनकी प्रतिक्रिया (रिएक्शन) कैसी होगी, यह पहले से समझ पाना मुश्किल होता है। निर्णय लेने में कठिनाई होती है ।

(2) पूरी लिखावट में जब केवल एक ही स्लांट होता है (यहाँ सीधा), तो ऐसे लेखक सोच-समझकर और लॉजिक के आधार पर निर्णय लेते हैं। अपनी भावनाओं और मनोभावों पर इनका अच्छा नियंत्रण होता है। ज़रूरत पड़ने पर ये अपनी भावनाएँ व्यक्त भी करते हैं, लेकिन भावनाओं को छिपाना भी इन्हें अच्छी तरह आता है।

## दिशा/बेसलाइन – मानसिक स्थिरता

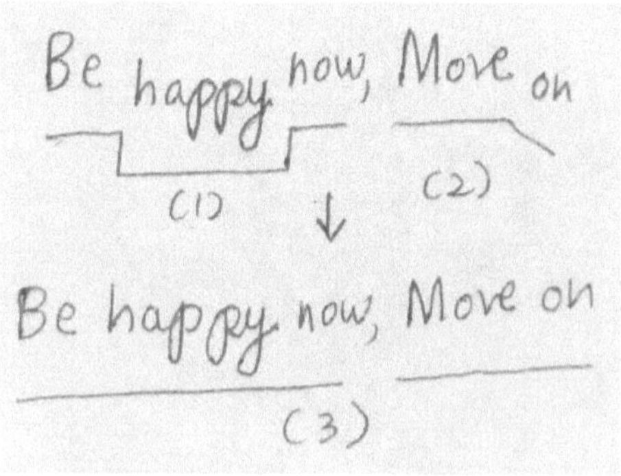


लिखावट की दिशा से पता चलता है कि लेखक मानसिक रूप से स्थिर है या नहीं। यह भी बताता है कि लेखक उदास है, सकारात्मक है या संतुलित है। (1) और (2) कई लिखावटों में पाए जाने वाले सबसे आम नकारात्मक लक्षण हैं। (1) यदि कोई विशिष्ट (स्पेसिफिक) शब्द नीचे की ओर लिखा गया हो, तो भले ही लेखक ने "खुश" शब्द लिखा हो, नीचे जाती हुई लिखावट यह दिखाती है कि अंदर से वह उदासी या तनाव महसूस कर रहा है। (2) जब अंतिम शब्द या पूरी लिखावट अंत में नीचे की ओर जाती है, तो यह दर्शाता है कि लेखक दुखी, तनावग्रस्त या उदास अवस्था में है। ये लक्षण सबसे आम तौर पर देखने को मिलते हैं।

(3) सीधी दिशा, ऐसे लेखक संतुलित होते हैं और अपने मन पर अनुशासन रखते हैं। वे मानसिक रूप से स्थिर और नियंत्रित होते हैं। खाली पेज पर ऊपर की ओर लिखने से लेखक को आशावादी/सकारात्मक महसूस करने तथा तनाव और उदासी पर काबू पाने में भी मदद मिल सकती है।

# आकार – इंट्रोवर्ट / एम्बिवर्ट / एक्स्ट्रोवर्ट

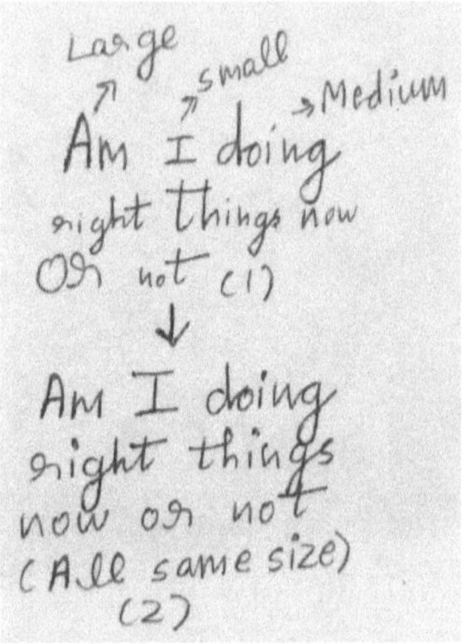


लिखावट का आकार आपको यह जानने में मदद करता है कि लेखक अंतर्मुखी (इंट्रोवर्ट) है, उभयमुखी (एम्बिवर्ट) है या बहिर्मुखी (एक्स्ट्रोवर्ट) है। इंट्रोवर्ट लोगों की लिखावट छोटी होती है, एम्बिवर्ट लोगों की लिखावट मध्यम होती है, जबकि एक्स्ट्रोवर्ट लोगों की लिखावट बड़ी होती है। (1) एक ही लिखावट में आकार के कई प्रकार, इन लेखकों को पता ही नहीं चलता कि वे इंट्रोवर्ट हैं, एम्बिवर्ट हैं या एक्स्ट्रोवर्ट। अस्थिर व्यक्तित्व। लिखावट में थोड़ा असंतुलन ठीक है, लेकिन बहुत ज़्यादा असंतुलन अच्छी बात नहीं है।

(2) पूरी लिखावट का आकार एक-सा होना, ऐसे लेखक अपनी पर्सनैलिटी के बारे में जागरूक होते हैं। उदाहरण के लिए, उन्हें पता होता है कि वे इंट्रोवर्ट हैं, इसलिए कुछ काम करने में उन्हें एक्स्ट्रोवर्ट या एम्बिवर्ट की तुलना में ज़्यादा समय लग सकता है।

## दबाव – ऊर्जा स्तर

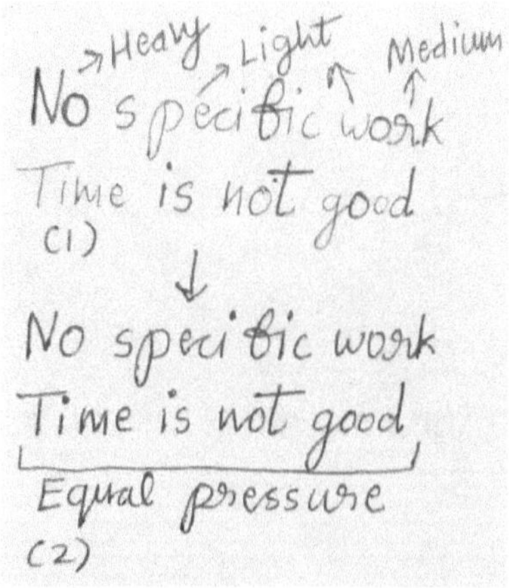


दबाव आपको लेखक की ऊर्जा, दृढ़ संकल्प (डेटर्मिनेशन), आक्रामकता और सहानुभूति के स्तर को जानने में मदद करता है। हल्का दबाव कम ऊर्जा स्तर, मध्यम दबाव संतुलित ऊर्जा स्तर और ज़्यादा दबाव, ज्यादा ऊर्जा स्तर दर्शाता है।

(1) असमान दबाव के कारण, लेखक की ऊर्जा, इच्छाशक्ति और दृढ़ संकल्प (डेटर्मिनेशन) का स्तर लगातार बदलता रहता है। एक पल वे बहुत ऊर्जावान महसूस करते हैं, तो दूसरे ही पल बिल्कुल उलट।

(2) पूरी लिखावट में समान दबाव, यहाँ केवल मध्यम दबाव दिखाई देता है, इसलिए लेखक की ऊर्जा का स्तर अच्छा होता है। ऐसे लेखक मजबूत इरादों वाले होते हैं और आक्रामक खेलों को पसंद करते हैं। दबाव में थोड़ी असमानता ठीक मानी जाती है, लेकिन बहुत ज़्यादा असमानता अच्छा संकेत नहीं होती।

## स्ट्रोक दबाव - शारीरिक स्वास्थ्य

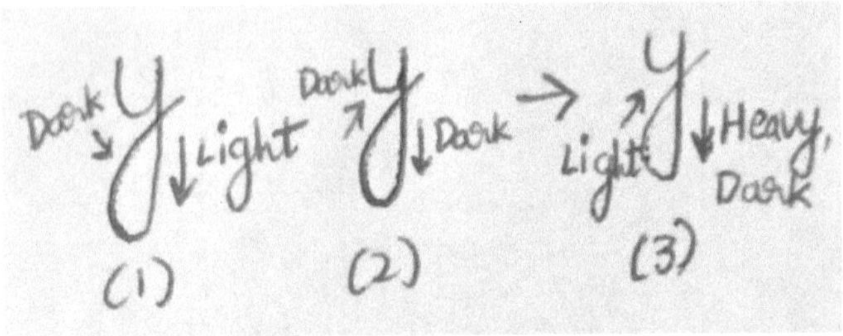


ऊपर की ओर स्ट्रोक तब होता है जब हम पेन को ऊपर की दिशा में उठाते हैं।

जबकि नीचे की ओर स्ट्रोक तब होता है जब हम नीचे की दिशा में लिखते हैं या स्ट्रोक बनाते हैं।

यहाँ मैंने अक्षर y का उदाहरण दिया है, हम बाकी सभी अक्षरों के लिए भी स्ट्रोक बनाते हैं। तो यही बात उन अक्षरों पर भी लागू होती है।

(1) नीचे की ओर हल्का स्ट्रोक और ऊपर की ओर भारी स्ट्रोक यह संकेत देता है कि लेखक शारीरिक रूप से किसी समस्या से जूझ रहा हो सकता है। (2) नीचे और ऊपर दोनों ओर समान स्ट्रोक भी इसी तरह के संकेत देते हैं

(3) भारी नीचे की ओर स्ट्रोक और हल्का ऊपर की ओर स्ट्रोक, लेखक शारीरिक रूप से स्वस्थ है। स्ट्रोक बनाने का यह आदर्श तरीका है।

# स्पेसिंग - अलग-थलग, अकेला महसूस करना

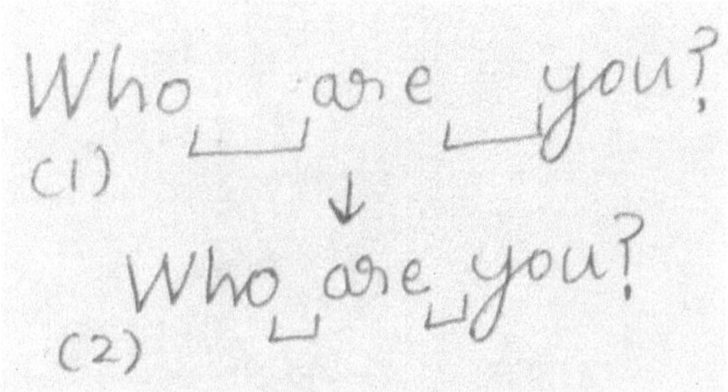


स्पेसिंग हमें यह जानने में मदद करती है कि एक लेखक अपने और दूसरे लोगों के बीच कितनी दूरी रखता ह। पहला शब्द लेखक को दर्शाता है, दूसरा शब्द दूसरे लोगों को दर्शाता है।

(1) शब्दों के बीच ज्यादा अंतराल (स्पेसिंग), लेखक खुद अलग-थलग (आइसोलेटेड) महसूस कर रहा है। दूसरों से जुड़ने में दिक्कत हो रही है। हो सकता है कि वह कई नकारात्मक भावनाओं, विचारों और अवसाद को छुपा रहा हो।

(2) संतुलित/बैलेंस्ड स्पेसिंग, ऐसे लेखक स्वतंत्र स्वभाव के होते हैं। वे अपनी आज़ादी और निजी जगह को महत्व देते हैं, और दूसरों से जुड़ना भी जानते हैं।

बहुत कम स्पेसिंग दूसरों पर निर्भरता को दर्शाता है जबकि असमान अंतराल (स्पेसिंग) मनोदशा में बदलाव (मूड स्विंग) को दर्शाता है, इसलिए शब्दों के बीच संतुलित अंतराल आदर्श है।

## प्रिंटेड / नॉर्मल - व्यक्तित्व छिपाना

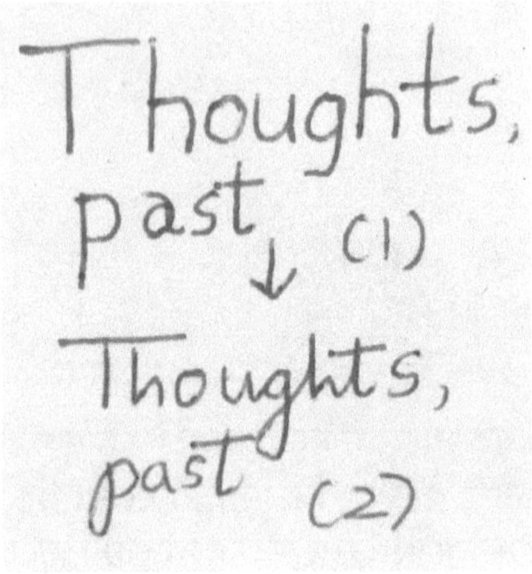


लिखने के दो तरीके हैं, एक कर्सिव या सामान्य तरीके से और दूसरा प्रिंट के माध्यम से।

(1) प्रिंटेड, यहाँ लेखक अपने वास्तविक या निजी व्यक्तित्व को छिपाने की कोशिश कर रहा है क्योंकि वह उन सभी मशीनों या कंप्यूटरों की तरह बनने की कोशिश कर रहा है जिनके पास यूनिक विचार या भावनाएँ नहीं होतीं। ये दूसरों को समझ नहीं पाते और ज्यादा ध्यान खुद पर ही देते हैं।

(2) सामान्य या कर्सिव, ये अपने अनोखे व्यक्तित्व का प्रदर्शन करते हैं। अपनी भावनाओं और विचारों को व्यक्त करते हैं और दूसरों को समझ पाते हैं, और दूसरे लोग भी इन्हें समझ पाते हैं क्योंकि ये अपने असली व्यक्तित्व गुणों को नहीं छुपाते।

# स्पष्ट लिखावट – भावनाओं को व्यक्त करना

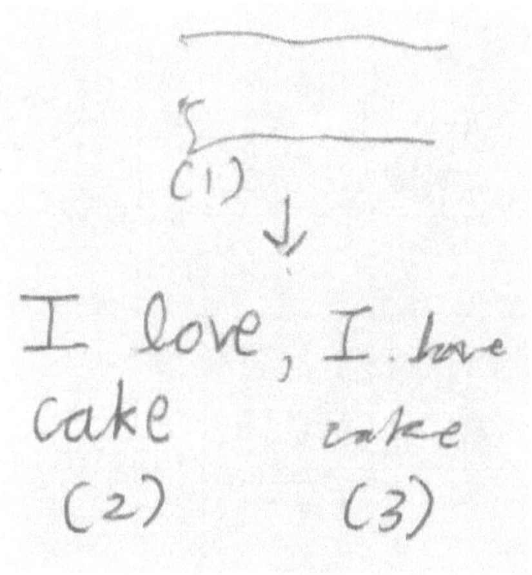


(1) पढ़ने लायक नहीं (अस्पष्ट लिखावट), लेखक दुखी महसूस कर रहा है। वे स्पष्ट रूप से संवाद भी नहीं कर पा रहे हैं, क्योंकि वे अपने बारे में जानकारी देने से बचते हैं। रिज़र्व्ड पर्सनैलिटी ।

(2) स्पष्ट लिखावट, यहाँ लेखक उदास या अप्रसन्न महसूस कर रहा हो सकता है, फिर भी वे किसी न किसी तरह से संवाद करते हैं । ऐसा लेखक खुला स्वभाव रखता है।

(3) अर्ध-स्पष्ट, एक बहुत ही बुद्धिमान व्यक्ति जिसका दिमाग तेज़ होता है। उनका दिमाग उनके हाथों से भी तेज चलता है। अल्बर्ट आइंस्टीन जैसे प्रतिभाशाली (जीनियस) व्यक्ति भी इसी तरह लिखते थे। न पूरी तरह से स्पष्ट और न ही बहुत अस्पष्ट ।

## मार्जिन - भूतकाल/भविष्य/वर्तमान

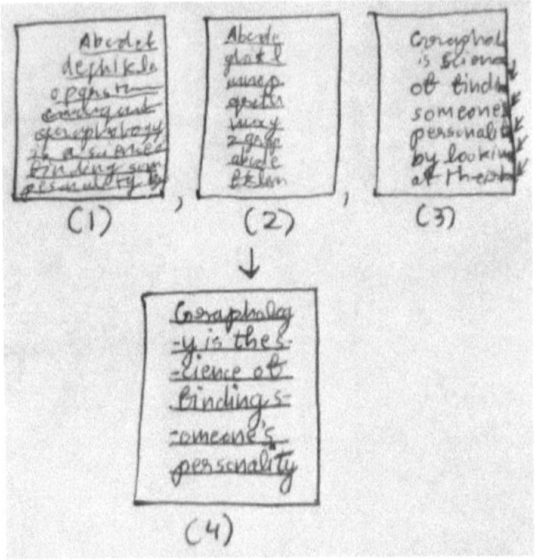


मार्जिन आपको यह जानने में मदद करते हैं कि लेखक इस समय कहाँ ध्यान केंद्रित कर रहा है। क्या वह भविष्य पर ध्यान केंद्रित कर रहा है, या उसे अतीत से आगे बढ़ने में कोई समस्या हो रही है? (1) बाईं ओर का गैप ऊपर से नीचे की ओर घटता जाता है, वे अतीत (पास्ट) से आगे बढ़ने की कोशिश कर रहे हैं, लेकिन ऐसा करने में उन्हें दिक्कत हो रही है। (2) दाईं ओर का गैप बड़ा है, लेखक को आगे बढ़ने में दिक्कत हो रही है या भविष्य का डर सता रहा है। (3) अंत में लिखावट का दब जाना, इन लेखकों के साथ अक्सर दुर्घटनाएँ होती रहती हैं। उन्हें अपनी गलतियों से सीखने में समय लगता है।

(4) दोनों तरफ संतुलित अंतर, लेखक की सामाजिक सीमाएँ हैं जिसके कारण दूसरे उनका सम्मान करते हैं। ये विश्वास बना सकते हैं और अच्छे रिश्ते कायम कर सकते हैं।

अखिलेश भागवत

# अतिरिक्त विशेषताएँ

## एकाधिक अक्षर पैटर्न देखें

जब एक ही गुण कई अक्षरों में दिखे, तो उसे अतिरिक्त विशेषता कहते हैं।

अक्षर विशेषता विधि में हमने केवल एक खास अक्षर पर ध्यान दिया, जिसमें कोई विशेष पहचान होती है, जैसे अक्षर 't' में बार।

यहाँ हम एक ही गुण वाले कई अक्षरों पर ध्यान केंद्रित कर रहे हैं, उदाहरण के लिए - T, s, I, w आदि अक्षरों के आरंभ में मौजूद छोटे लूप।

इसलिए यहाँ हमें एक अक्षर के बजाय कई अक्षरों में परिवर्तन करने की आवश्यकता है।

अक्षर विशेषता विधि और यहाँ तक कि गेस्टाल्ट विधि की तुलना में यहाँ संरचनाएं या प्रकार बहुत कम हैं।

यहाँ बताए गए कुछ गुण अक्सर देखने को नहीं मिलते।

## अक्षर t बार दाएँ से बाएँ - अपने प्रति ज़्यादा सख़्ती

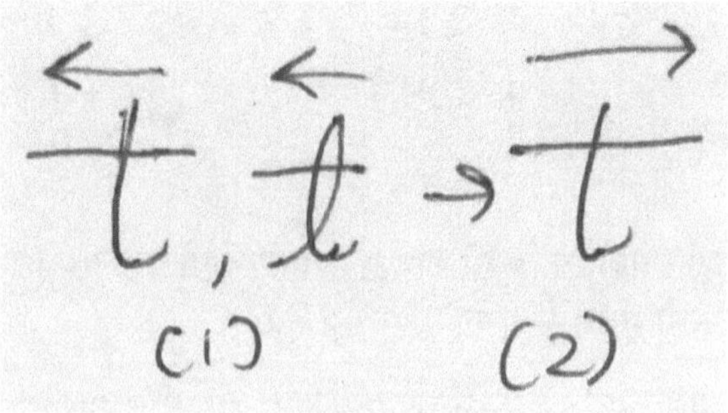


इस विशेषता को समझने के लिए लेखक को अपने सामने लिखने को कहें।

(1) लेखक खुद पर बहुत कठोर है और अपनी कड़ी आलोचना करता है। वह ऐसा किसी पिछली घटना, असफलता, या किसी नैतिक या धार्मिक कारण से कर रहा हो सकता है। यहाँ लेखक का t किसी भी प्रकार का हो, हम केवल उसकी बार (पट्टी) की दिशा को देखते हैं।

(2) बायें से दायें बनी पट्टी (बार), लेखक स्वयं को स्वीकार कर आगे बढ़ते हैं।

## पंजे (क्लॉ) और दोषी बैकस्ट्रोक

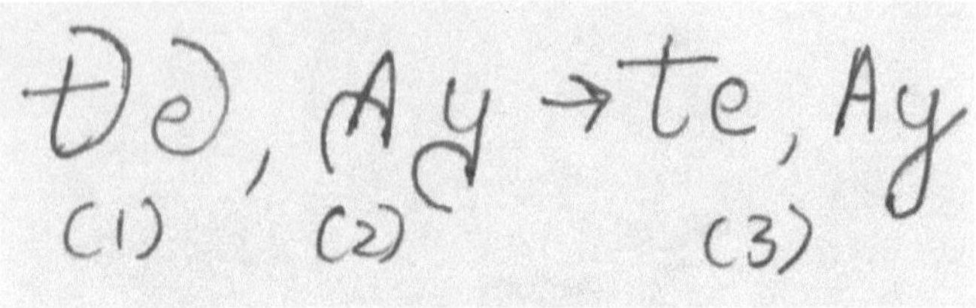


(1) बैकस्ट्रोक, वे किसी बात को लेकर दोषी महसूस कर रहे हैं और आगे बढ़ने में समस्या हो रही है।

(2) बाईं ओर क्लॉ, ऐसे लेखक खुद को और अपने बचपन को लेकर दोषी महसूस करते हैं। अगर कोई इस लेखक के साथ अच्छा व्यवहार करने की कोशिश भी करे, तो वह उनके साथ रूखा या बुरा व्यवहार करेगा ताकि यह दिखाया जा सके कि लेखक उस अच्छे व्यवहार के लायक नहीं है। वे आगे बढ़ने की कोशिश नहीं कर रहे हैं।

(3) क्लॉ नहीं हैं, यहाँ लेखक आगे बढ़ सकता है भले ही उसने अतीत में अपराधबोध (गिल्टी) महसूस किया हो ।

## नुकीला नीचे का हिस्सा – आक्रामक सोच

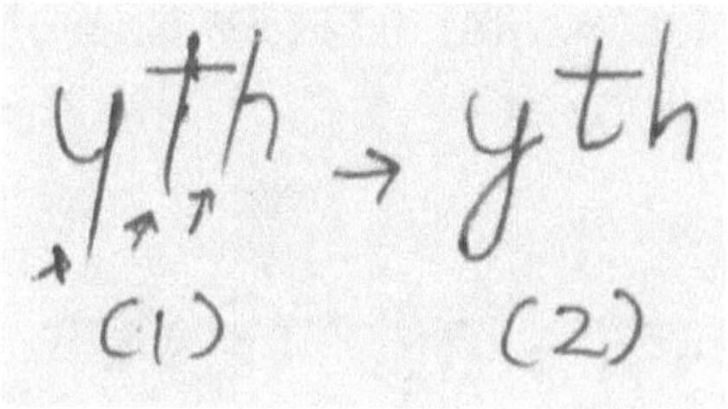


(1) लेखक गुस्सैल स्वभाव के होते हैं, उनकी सोच आक्रामक होती है और उन्हें उसे नियंत्रित करने में दिक्कत होती है। वे हिंसा के बारे में सोचते रहते हैं।

(2) यहाँ लेखक में आक्रामकता हो सकती है, लेकिन वह उसे नियंत्रित कर सकता है और हिंसा में बदलने के बजाय शांत कर लेता है।

## नफरत और गुस्से को दबाए रखना

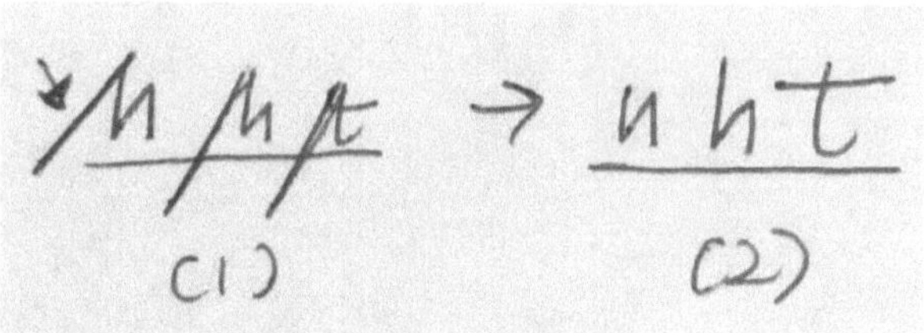


(1) लेखकों के मन में किसी व्यक्ति या वस्तु के प्रति कुछ कड़वाहट और नफरत होती है।

(2) गुस्से को मन में दबाने के बजाय, ये लेखक उसका सामना करते हैं या उसे बाहर निकालते हैं। इसके लिए वे कसरत, ध्यान, लिखना (जर्नलिंग) या किसी से बात करने जैसे तरीके अपनाते हैं।

## गलती काटना – दूसरों को दोष देना

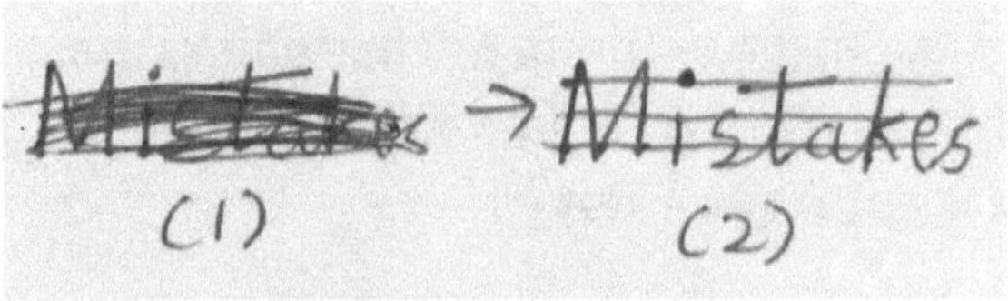


(1) गन्दा कट, यहाँ लेखक दूसरों को दोष देता है और अपनी गलतियों को आसानी से स्वीकार नहीं करता है।

(2) 1–4 लाइनों में काटी गई गलती, लेखक अपनी गलतियों को स्वीकार करते हैं और उन्हें तुरंत सुधारने का प्रयास करते हैं। वे दूसरों या हालात को दोष नहीं देते, बल्कि खुद जिम्मेदारी लेते हैं।

## अक्षर m का निर्माण – आधा/पूर्ण ज्ञान

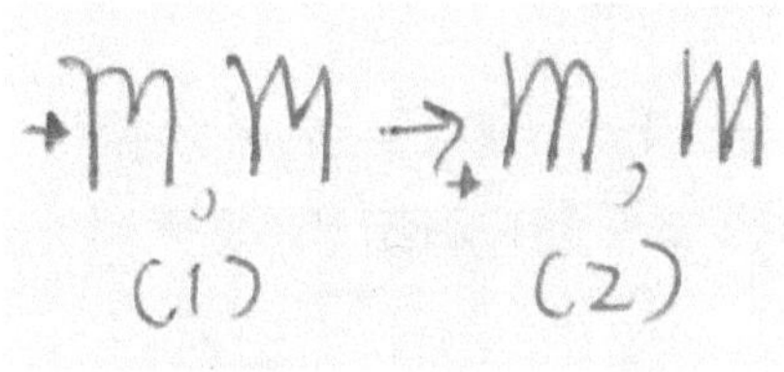


(1) अक्षर m में बीच का आधा कोण बनना (गोल या नुकीला), ऐसे लेखक ऐसी आदतें बनाते हैं जो पूरी तरह विकसित नहीं होतीं। इन्हें अधूरा ज्ञान होता है।

(2) अक्षर m में बीच का कोण पूर्ण हैं (गोल या नुकीला), ऐसे लेखक पूरी आदतें बनाते हैं और पूर्ण ज्ञान प्राप्त करते हैं।

## अक्षरों के बीच गैप – स्वास्थ्य समस्या

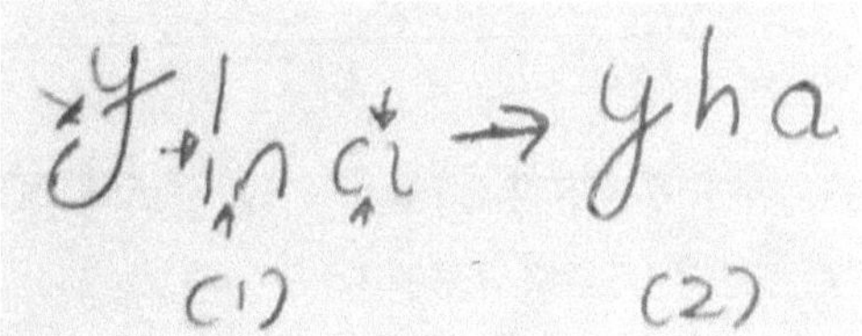


(1) अक्षरों में ऊपर दिखाए गए जैसे बार-बार टूटाव (गैप) अच्छे संकेत नहीं होते, क्योंकि ये खराब शारीरिक स्वास्थ्य की ओर इशारा करते हैं। ऐसे लेखक खुद को और दूसरों को नुकसान पहुँचा सकते हैं। भावनात्मक रूप से भी वे ठीक महसूस नहीं करते और इसमें गहरे मानसिक तनाव के संकेत

होते हैं। केवल एक या दो बार ऐसे टूटाव (गैप) दिखना गलती हो सकती है, सही संकेत तब माना जाता है जब ये लिखावट में बार-बार दिखाई दें।

(2) कोई ब्रेक (गैप) नहीं, वे अपने शारीरिक स्वास्थ्य की अनदेखी करने के बजाय उसकी परवाह करते हैं।

## जलन / ईर्ष्या (जेलसी)

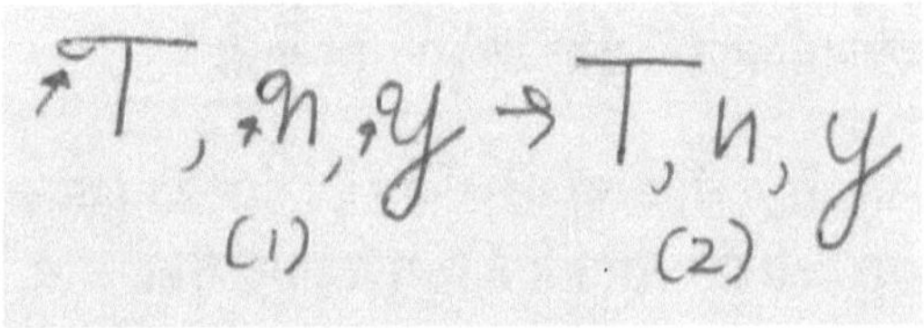


(1) अक्षरों की शुरुआत में छोटा लूप, लेखक जल्दी जलन महसूस करते हैं, क्योंकि वे बहुत अधिकार जताने वाले (पजेसिव) होते हैं। इससे रिश्तों में समस्याएँ पैदा हो सकती हैं।

(2) अक्षरों की शुरुआत में छोटा लूप नहीं है, ऐसे लेखक आसानी से जलन महसूस नहीं करते।

अखिलेश भागवत

# हस्ताक्षर परिवर्तन

## हस्ताक्षर में परिवर्तन करना

हस्ताक्षर में केवल लेखक का नाम होता है, उसमें उदास या खुश जैसे शब्द नहीं होते। इसलिए आप हस्ताक्षर में लेखक की सच्ची भावनाओं या संवेदनाओं को सीधे नहीं समझ सकते। हस्ताक्षर केवल लेखक के सार्वजनिक व्यक्तित्व को दर्शाता है या यह कि लेखक दूसरों के सामने कैसा दिखना चाहता है।

यह हमें लेखक के सामाजिक आत्मविश्वास और व्यक्तित्व के कुछ ही पहलुओं को समझने में मदद करता है, क्योंकि सिग्नेचर में केवल कुछ ही अक्षर मौजूद होते हैं।

पूरे व्यक्तित्व में सुधार के लिए लिखावट का गहराई से विश्लेषण करना जरूरी होता है।

हस्ताक्षर में परिवर्तन करने से आपको अपने सार्वजनिक व्यक्तित्व को बेहतर बनाने में मदद मिल सकती है।

यहाँ हम हस्ताक्षरों में पाए जाने वाले सबसे आम नकारात्मक लक्षणों पर नजर डाल रहे हैं।

हस्ताक्षर जल्दी मिल जाते हैं, लेकिन लिखावट मिलना मुश्किल होता है, क्योंकि लिखने में ज्यादा समय लगता है।

हस्ताक्षर की कुछ अवधारणाएं गेस्टाल्ट की अवधारणा से मिलती-जुलती हैं। इसके अलावा, हस्ताक्षर में अक्षर भी मौजूद होते हैं, इसलिए आपको यहाँ नकारात्मक अक्षर संरचनाएँ (बनावट) भी मिलेंगी।

# प्लेसमेंट – भूतकाल/वर्तमान/भविष्य

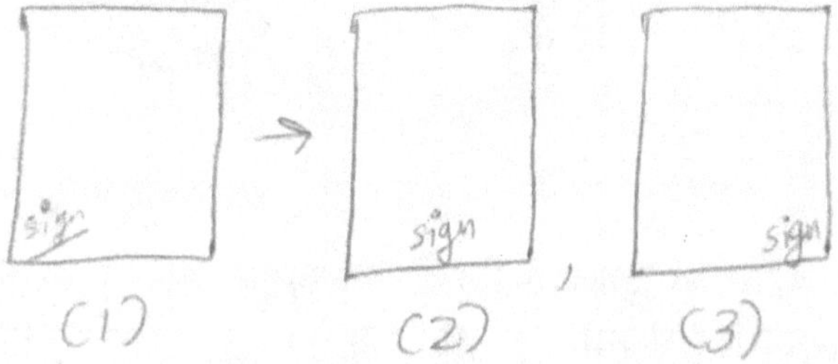


हस्ताक्षर में प्लेसमेंट से यह समझ में आता है कि लेखक अतीत पर ज्यादा ध्यान देता है या भविष्य पर।

(1) बाईं ओर, बायाँ भाग अतीत को दर्शाता है। यहाँ लेखक आगे बढ़ने के बजाय अतीत में जी रहा है।

(2) बीच की तरफ़, यहाँ लेखक को लोगों का ध्यान आकर्षित करना पसंद है, क्योंकि उसे कोने की बजाय बीच में खड़ा होना पसंद होता है और वह ज्यादा वर्तमान में जीता है। यह कुछ लोगों के लिए एक अच्छा गुण हो सकता है।

(3) दाईं ओर, लेखक आगे की दिशा में बढ़ रहा है। स्वभाव से महत्वाकांक्षी है।

## आत्महत्या हस्ताक्षर

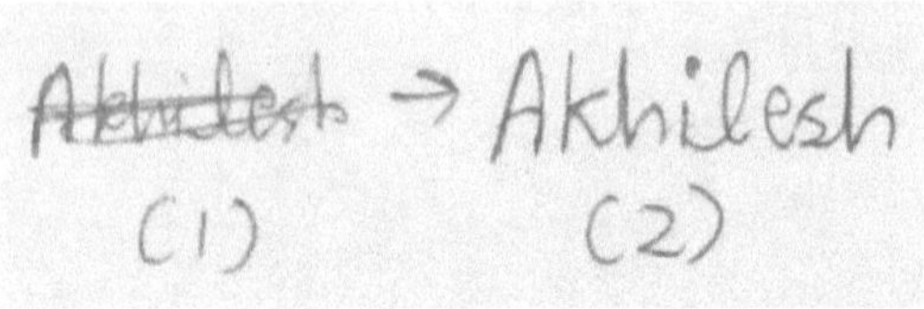


(1) यहाँ ऐसा लगता है कि लेखक खुद से नफ़रत करता है, इसलिए वह अपना नाम काट रहा है। यह खुद को नुकसान पहुँचाने जैसा संकेत हो सकता है। यह गलती से भी हो सकता है, इसलिए लेखक से दोबारा हस्ताक्षर करने के लिए कहें।

(2) नाम पर कट न होना आदर्श है। साथ ही, लेखक से बात करना जरूरी है, आपकी बातचीत किसी की मदद कर सकता है।

## नामों के बीच गैप

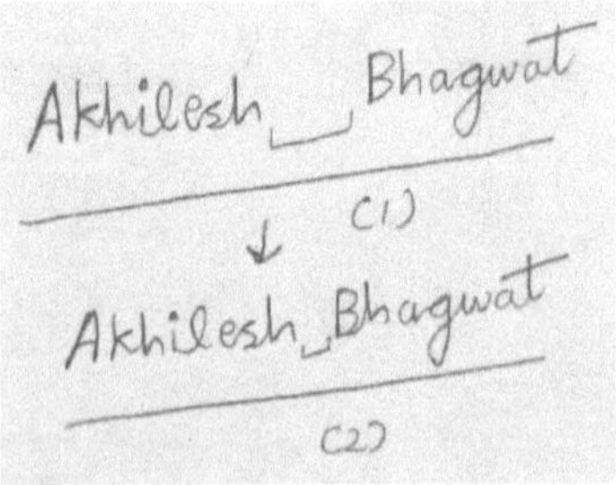


एक लेखक अपने और अपने पिता, माता, पति, पत्नी और परिवार के बीच कितना करीब है, यह गैप के माध्यम से पता चलता है।

(1) ज़्यादा गैप, परिवार से दूरी महसूस होती है। ज्यादा गैप होने पर लेखक ज्यादा अलग-थलग और रिजर्व्ड हो जाता है।

(2) संतुलित गैप, ऐसा लेखक स्वतंत्र होता है और परिवार के साथ भी करीबी महसूस करता है। बहुत कम गैप निर्भरता, ज़रूरत से ज़्यादा लगाव या बहुत ज्यादा करीबी का संकेत देता है।

इस विशेषता को खोजने के लिए लेखक के पास कम से कम दो नाम होने चाहिए। यही बात (लॉजिक) पिता, माता, पत्नी, पति या किसी के भी नाम के पहले अक्षर पर लागू होता है।

## आकार - सामाजिक आत्मविश्वास

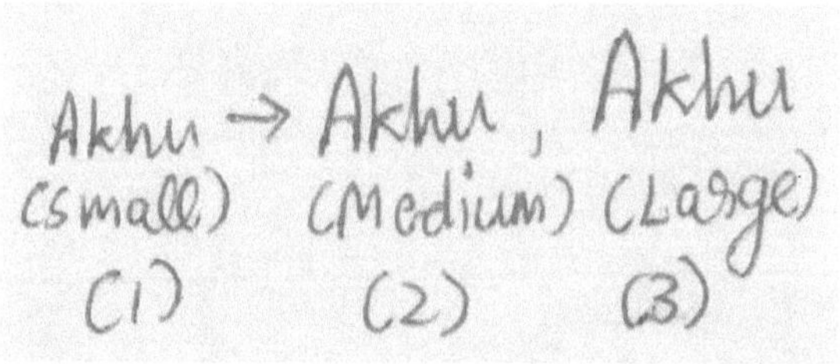


यह यह समझने में मदद करता है कि लेखक सामाजिक रूप से कितना आत्मविश्वासी है और दूसरों के सामने कितना खुलकर रहता है।

(1) लिखावट की तुलना में छोटा आकार या कुल मिलाकर छोटा, लेखक में आत्मसम्मान और आत्मविश्वास कम होता है। ऐसे लोगों का दूसरे आसानी से फायदा उठा सकते हैं और वे समाज में कम्फर्टेबल महसूस नहीं करते।

(2) मध्यम आकार का यह हस्ताक्षर संतुलन और विनम्रता दर्शाता है। सार्वजनिक रूप से, इन्हें पहचाने जाने और न पहचाने जाने, दोनों से कोई परेशानी नहीं होती। यह अच्छी आत्म-छवि और आत्मविश्वास के स्तर का भी संकेत देता है।

(3) बड़ा आकार, इनका आत्मविश्वास उच्च होता है, बहुत बड़ा आकार अति आत्मविश्वास दर्शाता है। ये लोग विभिन्न क्षेत्रों में कई काम करना चाहते हैं। लोगों के साथ घुलने-मिलने वाला, मिलनसार व्यक्ति। अपने हस्ताक्षर का आकार हमेशा अपनी लिखावट से थोड़ा बड़ा रखें।

## रेखांकन (अंडरलाइन्स)

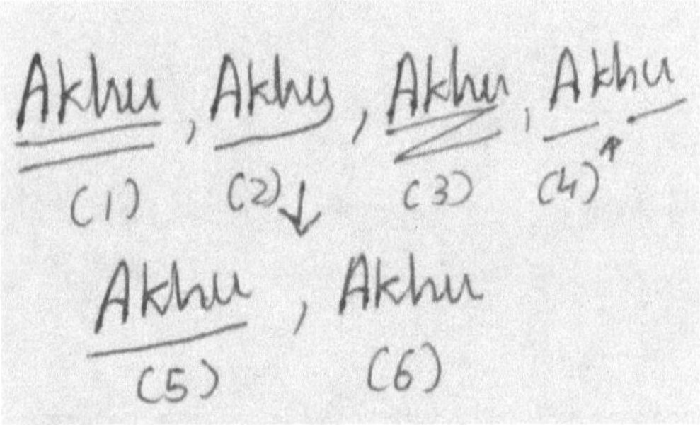


(1)(2) सबसे ज्यादा पाए जाने वाले हस्ताक्षर हैं। (1) यहाँ, लेखक अपनी राय दूसरों पर थोपता है। दो पंक्तियों से ज्यादा लिखना भी अच्छी बात नहीं है। (2) पीछे रेखांकित, लेखक को आगे बढ़ने में दिक्कत हो रही है। वह अतीत में जीता है।

(5) एक रेखा, लेखक को खुद पर और अपनी पहचान पर आत्मविश्वास होता है, उनके जीवन में कुछ नियम या मानक

होते हैं जिनका वे पालन करते हैं, और वे चाहते हैं कि दूसरे लोग उनकी उपस्थिति को महसूस करें।

(6) कोई रेखा नहीं, यहाँ के लेखकों को खुद को साबित करने या दूसरों को प्रभावित करने की ज़रूरत महसूस नहीं होती। उन्हें पहचान न मिलने या ध्यान न दिए जाने से भी कोई दिक्कत नहीं होती।

## अस्पष्ट/स्पष्ट – रिज़र्व्ड/ओपन

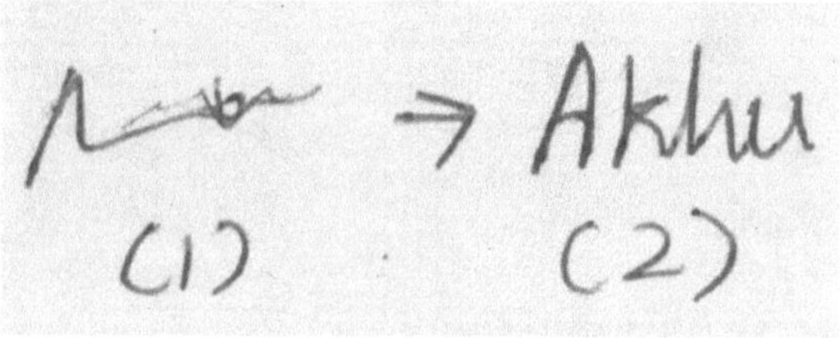


यह समझने में मदद करता है कि लेखक खुला सोच वाला है या रिजर्व्ड है।

(1) अस्पष्ट, जैसे इनका नाम पढ़ना मुश्किल होता है, वैसे ही इन्हें समझना और पढ़ना भी मुश्किल होता है। संकोची (रिजर्व्ड) स्वभाव के होते हैं। डॉक्टर जैसे तेज़ सोच वाले लोगों में यह गुण आम होता है, इसलिए लेखक का पेशा जानना ज़रूरी है।

(2) स्पष्ट, खुले विचारों वाले व्यक्ति जिनके पास छिपाने के लिए कुछ नहीं होता। सीधे-सादे लोग, नई चीज़ों को जल्दी अपना लेते हैं और खुद को जानने की प्रवृत्ति रखते हैं। अर्ध-

स्पष्ट, लेखकों में दोनों गुण होते हैं, न ज्यादा खुले और न ही ज्यादा संकोची (रिजर्व्ड)।

## अन्य सामान्य हस्ताक्षर जिनसे बचना चाहिए

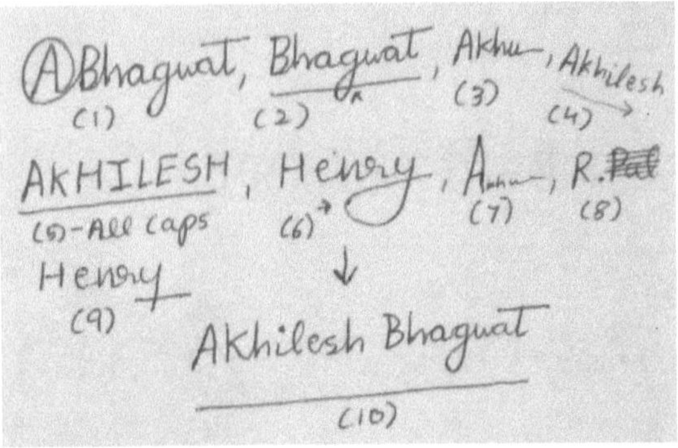


(1)(2)(3) सबसे अधिक पाए जाने वाले हस्ताक्षर हैं। (1) सर्कल, यहाँ लेखक अपनी भावनाएँ दूसरों से छुपा रहा होता है। यह बेचैनी (एंग्जायटी) का संकेत है। (2) अक्षर को काटती हुई अंडरलाइन, बहुत ज्यादा काम करने वाला व्यक्ति (वर्कहॉलिक), जो काम के दबाव में खुद को लगातार धकेलता रहता है। (3) बढ़ा हुआ अंत, लेखक काम को टालता है, प्रेरणा खो देता है या बीच में ही छोड़ देता है। ऐसे लोग काम पूरा करने में कमजोर होते हैं। यहाँ बताए गए अन्य प्रकार के हस्ताक्षर भी अच्छे संकेत नहीं माने जाते और उनसे बचना चाहिए।

(10) एक अच्छा हस्ताक्षर वह है जिसमें कोई कट, अतिरिक्त प्रतीक (सिंबल) या कोई अतिरिक्त संरचना न हो।

अखिलेश भागवत

# खुद को शांत करने के लिए ये करें

# इस बदलाव से तनाव पर काबू पाएं

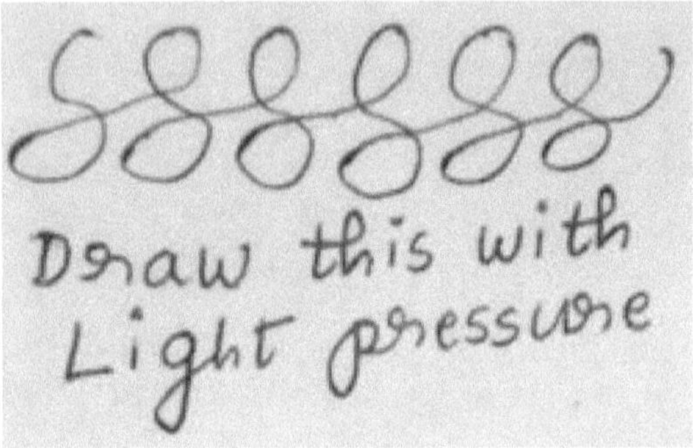


ग्राफ़ोलॉजी में अंक 8 यह दर्शाता है कि सोच सहज और स्मूथ होती है, बिना ज्यादा सोच-विचार या आक्रामकता के।

इसलिए अगर इसका बार-बार अभ्यास किया जाए, तो सोच का बहाव लगातार और स्मूथ होता है, जिससे मन शांत होने में मदद मिलती है।

हल्के दबाव के साथ लिखने का अभ्यास करें, क्योंकि हल्का दबाव कम आक्रामकता और अधिक शांति का संकेत देता है।

इसके अलावा, इसे धीमी गति से बनाने का अभ्यास करें क्योंकि धीमी गति भी शांत मन का संकेत देती है।

यदि कोई लेखक बहुत अधिक तनावग्रस्त या चिंतित महसूस कर रहा है तो 21 दिन या उससे अधिक दिनों तक प्रतिदिन कम से कम 10 मिनट अभ्यास करना सबसे अच्छा है।

अखिलेश भागवत

# छुपी हुई उदासी

# इस गुण के लिए एक्शन थेरेपी जरूरी है!

इस विशेषता को पहचानना इतना आसान नहीं है, क्योंकि यह रेखाओं के बीच छिपी होती है। यह आमतौर पर कई लिखावटों में पाई जाती है। यहाँ छुपी हुई उदासी दिखाई देती है। इसका मतलब है कि लेखक अपने परिवार, दोस्तों और दूसरों के साथ अपनी भावनाएँ साझा (शेयर) नहीं करता, बल्कि उन्हें अपने भीतर ही दबाकर रखता है। बाईं ओर झुकाव इस स्थिति को और गंभीर बना देता है, क्योंकि यह दर्शाता है कि वह अपनी भावनाओं और विचारों को पूरी तरह छुपा रहा है और उन्हें सुधारने या बदलने की कोशिश भी नहीं कर रहा। दूसरों के साथ अपनी भावनाओं को साझा (शेयर) करने से लेखक को बेहतर बनने में मदद मिलेगी। अगर लेखक अपनी भावनाओं और संवेदनाओं को शेयर करने में कम्फर्टेबल महसूस नहीं करता है, तो वह जर्नलिंग शुरू कर सकता है या हर रात सोने से पहले एक किताब/डायरी में अपनी भावनाओं को लिखना शुरू कर सकता है। इससे उसे अपने अंदर की नकारात्मक भावनाओं/विचारों को बाहर निकालने में मदद मिलेगी। एक बार जब भावनाएं बाहर आ जाएगी तो लेखक अधिक स्पष्ट और शांत महसूस करने लगेगा।

अखिलेश भागवत

# सबसे अधिक पूछे जाने वाले 5 प्रश्न

## 1. क्या ग्राफोथेरेपी सभी के लिए समान है?

हर व्यक्ति अपने तरीके से अनोखा होता है, इसलिए ग्राफोथेरेपी हर किसी के लिए एक जैसी नहीं होती। इंट्रोवर्ट होना उतना ही अच्छा है जितना कि एम्बिवर्ट या एक्स्ट्रोवर्ट होना। ग्राफोथेरेपी इस बात पर निर्भर करती है कि आप किस प्रकार का व्यक्तित्व चाहते हैं। अगर आप तेज सोचना चाहते हैं तो बदलाव अलग हैं, अगर आप इसके विपरीत होना चाहते हैं तो बदलाव अलग हैं। इसलिए, हमेशा खुद से या दूसरों से पूछें, "आप किस प्रकार का व्यक्तित्व चाहते हैं?" या "आप कौन से व्यक्तित्व गुण चाहते हैं?"

## 2. क्या कोई ऐसे परिवर्तन हैं जो सभी व्यक्तित्वों पर लागू होते हैं?

कुछ परिवर्तन ऐसे हैं जो हर किसी को करने चाहिए, क्योंकि वे हर व्यक्तित्व पर लागू होते हैं।

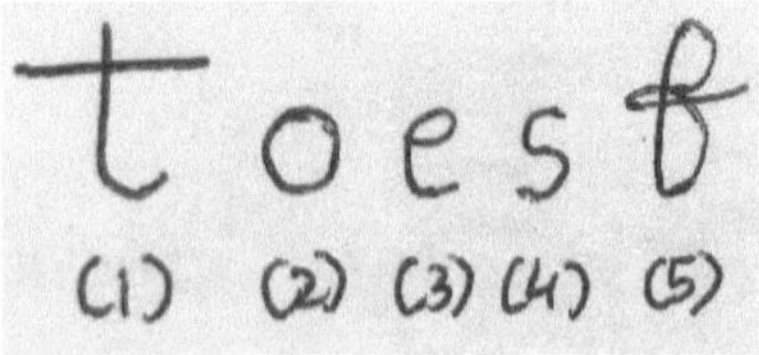


उच्च और लंबा t बार उच्च आत्मविश्वास दर्शाता है

स्पष्ट 'o' और बड़ा लूप 'e' अच्छी बातचीत और सुनने की क्षमता दर्शाते हैं। कुल मिलाकर यह अच्छी संवाद करने की क्षमता को दिखाता है।

स्मूथ s अच्छे सब्र स्तर को दर्शाता है।

f में दोनों लूप दिखाते हैं कि व्यक्ति अपनी ज़िंदगी को अच्छे से मैनेज करता है।

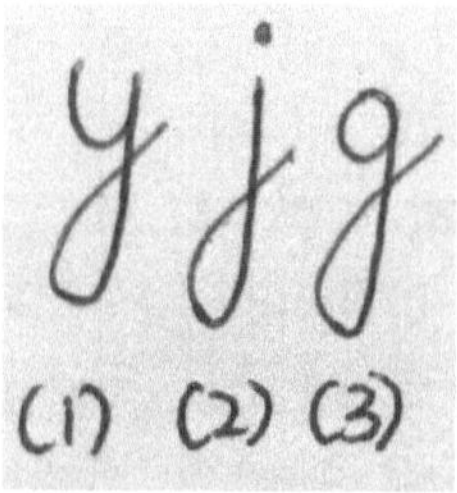


y, g और j में संतुलित लूप यह दिखाते हैं कि व्यक्ति पैसे और रिश्ते अच्छे से संभालता है, उसका सामाजिक जीवन अच्छा होता है और यौन ऊर्जा (सेक्स ड्राइव) संतुलित रहती है।

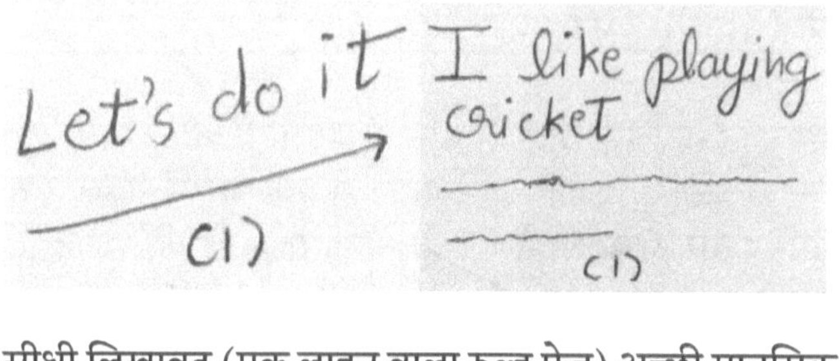


सीधी लिखावट (एक लाइन वाला रूल्ड पेज) अच्छी मानसिक स्थिरता को दर्शाती है, जबकि ऊपर की ओर लिखावट (खाली पेज) पॉजिटिव सोच को दर्शाती है।

## 3. सुधार में कितना समय लगता है?

यह व्यक्ति के अनुसार अलग-अलग होता है। कुछ लोग तेज़ सोचने वाले होते हैं, इसलिए वे जल्दी से ढल जाते हैं और सीख लेते हैं। हालांकि, यह इस बात पर भी निर्भर करता है कि आप किस तरीके का इस्तेमाल कर रहे हैं। इस आदत का तब तक अभ्यास करें जब तक यह आपकी लिखावट या हस्ताक्षर का स्थायी हिस्सा न बन जाए। एक बार जब यह लिखावट का स्थायी हिस्सा बन जाए, तो आप खुद में बदलाव देखना शुरू कर देंगे। जल्दबाजी करने की ज़रूरत नहीं है, यह एक दीर्घकालिक (लॉन्ग-टर्म) लक्ष्य है, इसलिए अपना समय लें। आमतौर पर, आदत डालने में 21 दिन लगते हैं। एक्शन थेरेपी करने से बदलाव जल्दी दिखने लगता है।

## 4. एक समय में कितने बदलावों का अभ्यास करना चाहिए?

हस्ताक्षर के लिए, आप सीधे सभी बदलावों का अभ्यास शुरू कर सकते हैं। हालांकि, लिखावट में एक बार में केवल 3 या अधिकतम 5 बदलावों का ही अभ्यास करने की सलाह दी जाती है। अगर आप एक साथ बहुत सारे बदलाव करने की कोशिश करेंगे, तो आप या आपका क्लाइंट परेशान हो सकता है, क्योंकि एक साथ इतने बदलावों को अपनाना बहुत मुश्किल होता है। और आप या वे जल्द ही हार मान जाएंगे। इसलिए शुरुआत में केवल अपनी टॉप 3 गुणों पर ध्यान दें, जिन्हें आप बेहतर बनाना चाहते हैं, और पहले उन्हीं बदलावों

पर काम करें। एक बार जब ये बदलाव लिखावट का एक स्थायी हिस्सा बन जाएँ, तो आप अगले तीन बदलावों पर आगे बढ़ सकते हैं । फिर से, याद रखें कि यह एक लॉन्ग-टर्म लक्ष्य है, इसलिए इसे धीरे-धीरे करें।

## 5. क्या सिर्फ लिखावट और हस्ताक्षर में बदलाव करने से मेरी आर्थिक स्थिति, रिश्ते और सफलता में सुधार हो सकता है?

हाँ, ग्राफोलॉजी से आप अपने व्यक्तित्व में बदलाव ला सकते हैं। यह आत्मविश्वास, सोच की स्पष्टता, कल्पनाशीलता और संवाद करने की क्षमता को मजबूत करने में मदद करती है। लेकिन सिर्फ़ लिखावट या हस्ताक्षर बदलना ही काफ़ी नहीं है।

बदलाव तभी टिकाऊ होता है जब आप उस नई क्षमता के अनुसार कदम भी उठाते हैं। उदाहरण के लिए, अगर ग्राफोथेरेपी से आत्मविश्वास बढ़ा है, लेकिन आप मंच पर जाकर बोलने की कोशिश ही नहीं करते, तो आप अच्छे वक्ता नहीं बन सकते। इसलिए नियम साफ़ है, लिखावट और हस्ताक्षर से अंदर का बदलाव शुरू करें, और फिर उस बदलाव के अनुसार बाहर की दुनिया में एक्शन लें।

आत्मविश्वास आया है? > बोलना शुरू करें।

सोच साफ़ हुई है? > निर्णय लें।

दिशा मिली है? > आगे बढ़ें।

# सुझाव कैसे दें?

# ग्राफोथेरेपी का सुझाव कैसे दें?

जब आपको अपने क्लाइंट की लिखावट और हस्ताक्षर का नमूना मिल जाए तो, उनसे पूछें कि वे अपने बारे में या अपने व्यक्तित्व में क्या सुधार करना चाहेंगे।

फिर उन व्यक्तित्व पहलुओं की सूची बनाइए जिनमें वे सुधार करना चाहते हैं।

कभी-कभी लोग इस सवाल का जवाब नहीं दे पाते, क्योंकि वे चाहते हैं कि हम उन्हें उनकी नकारात्मक बातें बताएं। वैसे भी, उनके बताने के बाद आपको खुद भी उन्हें समझना और पहचानना होता है।

इसलिए आपको लिखावट और हस्ताक्षर के नमूने को ध्यान से देखना होगा, उनमें मौजूद नकारात्मक गुणों को पहचानना होगा और फिर उनकी एक सूची बनानी होगी।

उन नकारात्मक लक्षणों को खोजने के लिए इन स्टेप्स का पालन करें:

## स्टेप्स-1: अक्षरों को देखें (n-o-t-i-f-y-m-e)

अक्षर t (क्या कोई ऊंची और लंबी बार मौजूद है?)

अक्षर y (पूर्ण संतुलित/बैलेंस्ड लूप उपस्थित है?)

अक्षर o, e (स्पष्ट o और e में बड़ा लूप है?)

अक्षर m, n (क्या m, n बिना किसी लूप के है?)

अक्षर i (बिंदु स्पष्ट है और क्या यह बीच में है?)

अक्षर f (क्या ऊपर और नीचे, दोनों लूप मौजूद हैं?)

## स्टेप्स-2: गेस्टाल्ट

बेसलाइन (क्या बेसलाइन या लिखावट सीधी/ऊपर की ओर है?)

आकार (क्या सभी आकार समान हैं?)

दिशा/स्लांट (क्या सभी स्लांट एक जैसे या सीधे या दाईं ओर हैं?)

## स्टेप्स-3: हस्ताक्षर

इसमें कितने रेखांकन (अंडरलाइन) हैं?

क्या नामों के बीच का अंतर संतुलित है?

क्या नाम की शुरुआत में या पूरे नाम में कोई सर्कल दिखाई देता है?

इस हस्ताक्षर का आकार कैसा है? क्या यह छोटा है?

क्या अंडरलाइन करने से अक्षर y, g, j, p, और q कट जाते हैं?

क्या आप अंत में उपनाम को नीचे जाते हुए देख सकते हैं?

क्या हस्ताक्षर की दिशा सीधी है या ऊपर की ओर है?

ये वो स्टेप्स हैं जो आपको नकारात्मक गुणों को पहचानने में मदद करेंगे। अब समय के साथ, आप अपने स्टेप्स जोड़ सकते हैं। फिलहाल, ये आपके काम आएंगे।

एक बार जब आप सूचियां बना लें, तो आपको उन्हें उदाहरण देकर बताना होगा कि क्या बदलना है:

उदाहरण के लिए, वर्तमान में आप आलोचना के प्रति संवेदनशील हैं क्योंकि t में इनर लूप मौजूद है। कम संवेदनशील बनने के लिए आपको t में इनर लूप को हटाना होगा।

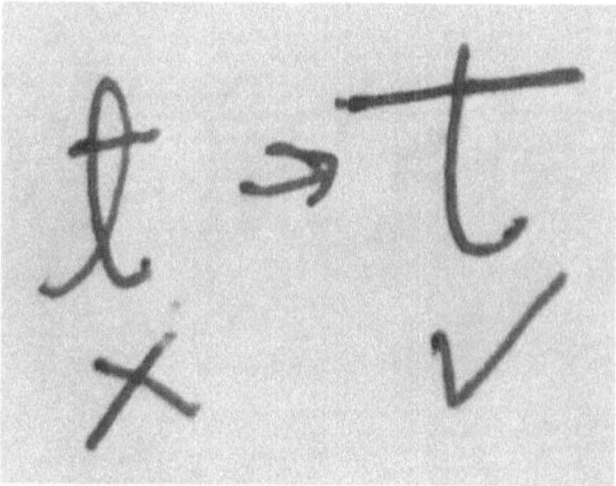

# ग्राफोथेरेपी डेमोज़

## डेमो-1: केवल लिखावट

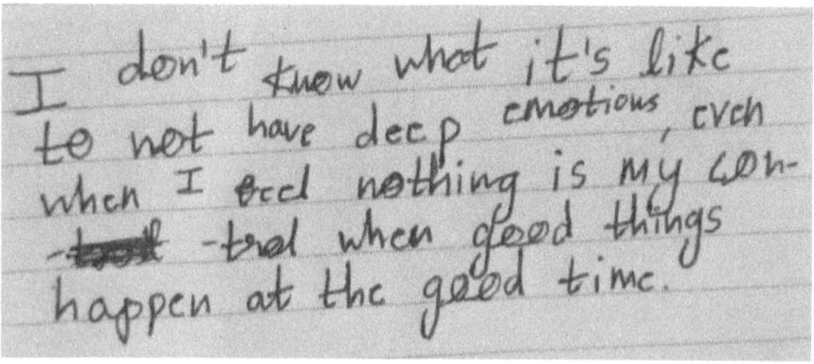


नकारात्मक लक्षणों की सूची:

1. यहाँ लो t बार मौजूद है इसलिए आत्मविश्वास के स्तर को बढ़ाने की आवश्यकता है।

2. e में छोटा लूप कमजोर सुनने की क्षमता को दर्शाता है।

3. y में आधा लूप होने पर यह पैसे, निचले शरीर, सेक्स लाइफ, सामाजिक जीवन या रिश्तों से जुड़ी कुछ निराशा को दर्शाता है।

3. लिखावट सीधी या स्थिर नहीं है, मानसिक रूप से अधिक शांत होने की आवश्यकता है क्योंकि अभी आप एक मिनट पॉज़िटिव और दूसरे मिनट उदास महसूस करते हैं।

4. अगर o में बाईं ओर लूप हो, तो लेखक सच्चाई को आसानी से स्वीकार नहीं कर पाता, खासकर अपने बारे में और हालात को लेकर।

5. गड़बड़ (मैसी) कट, अपनी गलती जल्दी नहीं मानते।

## आपको ये परिवर्तन करने होंगे:

1. अक्षर t बार ऊंचा, लंबा और गहरा रखें। यह आपको बड़ा सोचने वाला बनाता है और आत्मविश्वास व इच्छाशक्ति को मजबूत करता है।

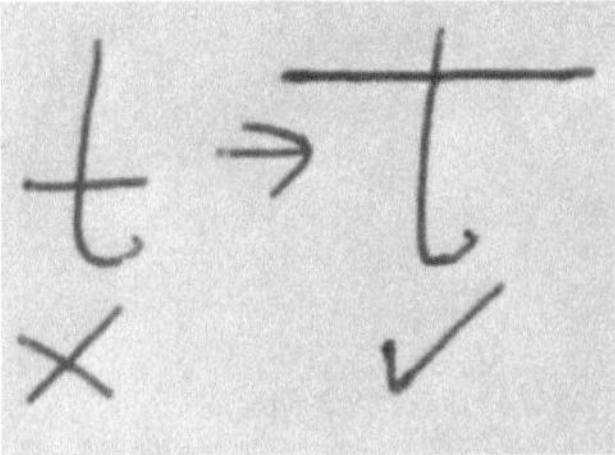

2. लूप का आकार बढ़ाएँ, इससे आपको एक बहुत अच्छा श्रोता (लिसनर) बनने में मदद मिलेगी।

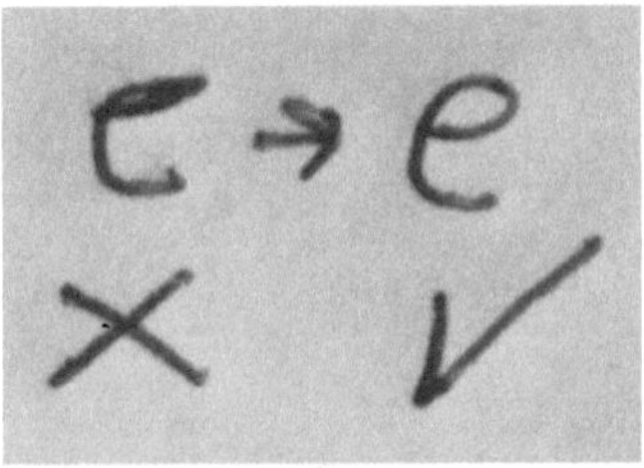

3. जितना हो सके सीधा लिखने का अभ्यास करें क्योंकि इससे आपको अपनी भावनाओं पर नियंत्रण रखने में मदद मिलेगी। आप मानसिक रूप से ज़्यादा स्थिर और शांत महसूस करेंगे।

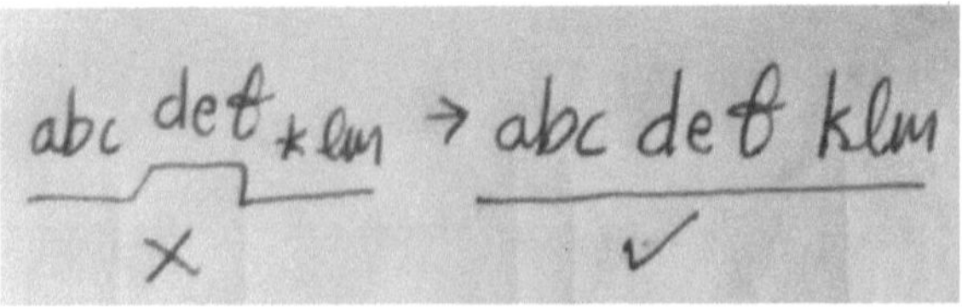

4. अक्षर o में आंतरिक लूप को हटा दें, एक स्पष्ट 'o' खुले विचारों और सीधापन (स्ट्रेटफॉरवर्डनेस) को दर्शाता है ।

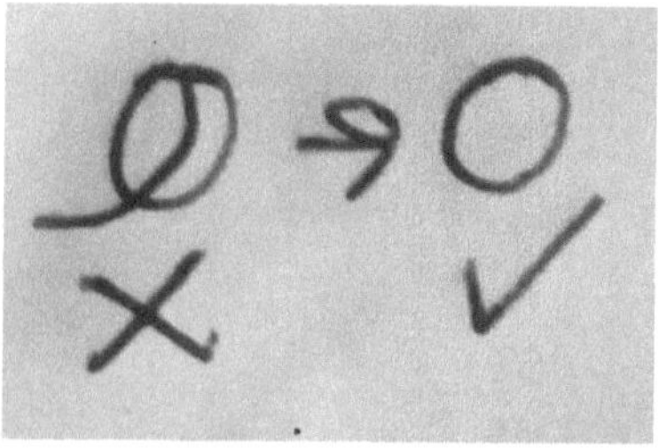

अच्छी तरह संवाद करने की क्षमता (कम्युनिकेशन स्किल) के लिए अक्षर e और o महत्वपूर्ण है, इसलिए इनमें परिवर्तन अवश्य करें।

5. अपनी गलतियों को एक या अधिकतम 4 पंक्तियों में काटें, इससे आपको गलतियों को जल्दी सुधारने वाला व्यक्ति बनने में मदद मिलेगी।

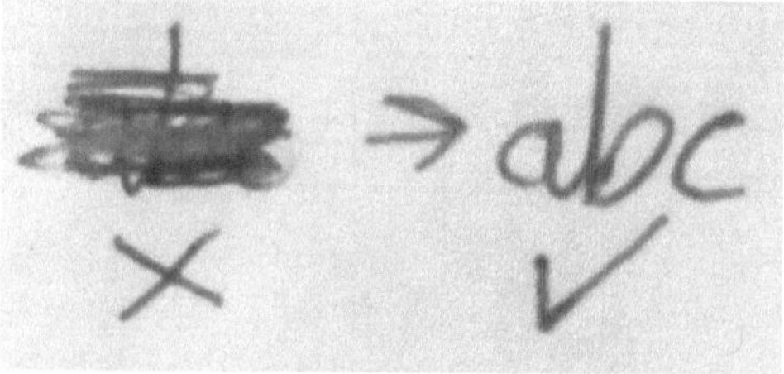


तो इस तरह आप लिखावट में बदलाव सुझा सकते हैं। आप और भी कई बदलाव सुझा सकते हैं, लेकिन शुरुआत में ज़्यादा से ज़्यादा 5 सबसे ज़रूरी बदलाव ही सुझाएँ।

## डेमो-2: केवल हस्ताक्षर

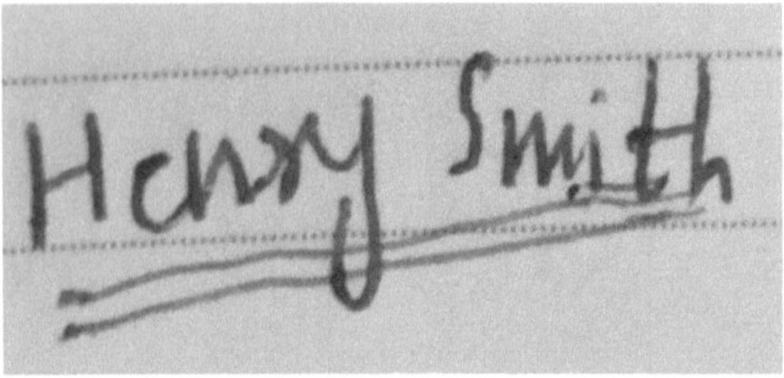


### यहाँ वे चीजें हैं जिनमें सुधार की आवश्यकता है:

1. यदि डबल अंडरलाइन्स मौजूद हैं, तो वर्तमान में आप अधूरा और अपूर्ण महसूस कर रहे हैं।

2. जब अंडरलाइन अक्षर y को काटती है, तो यह दिखाता है कि आप खुद पर ज़रूरत से ज़्यादा दबाव डाल रहे हैं और बहुत ज्यादा मेहनत कर रहे हैं।

3. सरनेम नीचे की ओर जाता हुआ, यह परिवार से जुड़ा कुछ तनाव और उदासी दर्शाता है।

### तो आइए उन बदलावों पर नज़र डालें जिन्हें आपको स्थायी बनाने की आवश्यकता है:

1. केवल एक रेखांकन (अंडरलाइन) करें, इससे आपको अधिक पूर्णता का एहसास होगा। एक अंडरलाइन दिखाती है कि लेखक अपने नियमों और उसूलों पर चलता है।

2. पूरे नाम के नीचे, यहाँ तक कि अक्षर y के नीचे अंडरलाइन बनाएं। इससे आप संतुलित रहते हैं और ज़रूरत से ज़्यादा काम करने (वर्कहॉलिक) की आदत कम होती है।

3. उपनाम को पहले नाम के समान ही रखें, उसे नीचे न जाने दें। इससे आपको परिवार से जुड़े किसी भी तनाव से उबरने या उस पर स्पष्टता पाने में मदद मिलेगी।

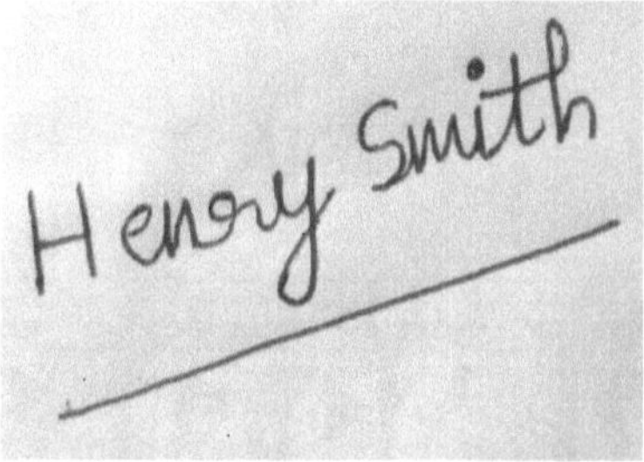


मैंने हस्ताक्षर में कुछ और बदलाव सुझाएं हैं। क्या आप बता सकते हैं कि वे कौन से हैं?

# इस किताब को पढ़ने के बाद आगे क्या करें?

## अगले कदम और उपयोगी लिंक

1. फ्री (Free) हिंदी हैंडराइटिंग एनालिसिस कोर्स

*कोर्स पूरा करने पर सर्टिफिकेट,*

कोर्स जॉइन करने के लिए: यहाँ क्लिक करें

या इस QR कोड को स्कैन करें:

2. हिंदी सिग्नेचर एनालिसिस किताब,

अधिक जानकारी और खरीदने के लिए: यहाँ क्लिक करें

या इस QR कोड को स्कैन करें:

3. हिंदी में ग्राफ़ोलॉजी के पूरे कोर्स जल्द आ रहे हैं, पहले मौका और छूट के लिए प्रतीक्षा सूची में जुड़ें:

यहाँ क्लिक करें

या इस QR कोड को स्कैन करें:

4. अगर आप अंग्रेज़ी में सीखना चाहते हैं,

यहाँ क्लिक करें

या इस QR कोड को स्कैन करें:

# और सीखने के लिए

यदि आप पूर्ण ग्राफोलॉजी सीखना चाहते हैं तो ग्राफोलॉजीमेडसिम्पल आपके लिए सही जगह है!

आप पोस्ट, ब्लॉग, किताबें, वीडियो, कोर्सेज, मेल और प्रश्नोत्तर जैसे विभिन्न तरीकों से ग्राफोलॉजी लिखावट + हस्ताक्षर विश्लेषण सीख सकते हैं।

यहाँ आप ग्राफोथेरेपी के साथ अपना पूरा व्यक्तित्व विश्लेषण भी पा सकते हैं।

अपना विश्लेषण प्राप्त करें

**सोशल मीडिया:**

यूट्यूब चैनल | इंस्टाग्राम (अंग्रेज़ी) | इंस्टाग्राम (हिंदी

**वेबसाइट:** https://graphologymadesimple.com/

या बस गूगल पर "Graphologymadesimple" खोजें

# लेखक के बारे में

मैं अखिलेश भागवत हूँ, एक ग्राफ़ोलॉजी विशेषज्ञ और ग्राफ़ोलॉजीमेडसिंपल का संस्थापक। मैं अमेज़न इंडिया पर ग्राफ़ोलॉजी की तीन सबसे ज्यादा बिकने वाली पुस्तकों का लेखक हूँ। अब तक मैंने 120 से अधिक देशों के 50,000 से ज़्यादा छात्रों को ग्राफ़ोलॉजी सिखाई है। इसके अलावा, 25 से अधिक देशों के लोगों की लिखावट और हस्ताक्षर का विश्लेषण मैंने लगभग 98% सफलता दर के साथ पूरा किया है।

ग्राफ़ोलॉजी के साथ-साथ मुझे मानव व्यवहार और टेक्नोलॉजी को समझना और उन्हें मिलाकर कुछ नया बनाना पसंद है।

मेरे बारे में और जानकारी पाने के लिए आप गूगल पर

“अखिलेश भागवत” खोज सकते हैं।

मेरी वेबसाइट:

https://iakhileshbhagwat.home.blog/

लिंक्डइन:

https://www.linkedin.com/in/akhileshbhagwat/

ट्विटर:

https://twitter.com/BhagwatAkhilesh

अखिलेश भागवत

ईमेल:

akhilesh@graphologymadesimple.com

याद रखें, पढ़ना और समझना अलग बातें हैं।

मैंने ये तीनों किताबें सहारे के लिए लिखी हैं, ताकि जब भी आप लिखावट का विश्लेषण करें या किसी को उसके व्यक्तित्व को समझने और सुधारने में मदद करें, ये आपके काम आएँ।

यह किताब एक बार पढ़कर रखने के लिए नहीं है।

जब भी आप विश्लेषण करें, इसे दोबारा देखकर इस्तेमाल करें।

पढ़ने के लिए धन्यवाद!

सीखते रहिए, आगे बढ़ते रहिए।

आइए, मिलकर ग्राफ़ोलॉजी को ज़्यादा लोगों तक पहुँचाएँ।

www.ingramcontent.com/pod-product-compliance
Lightning Source LLC
LaVergne TN
LVHW090408210926
848480LV00002B/496
* 9 7 9 8 9 0 3 1 9 0 9 3 5 *